「高利回り×高成長」で資産を4倍速で増やす!

高配当10倍株投資

児玉一希
Kazuki Kodama

「高利回り×高成長」で資産を4倍速で増やす！

高配当10倍株投資

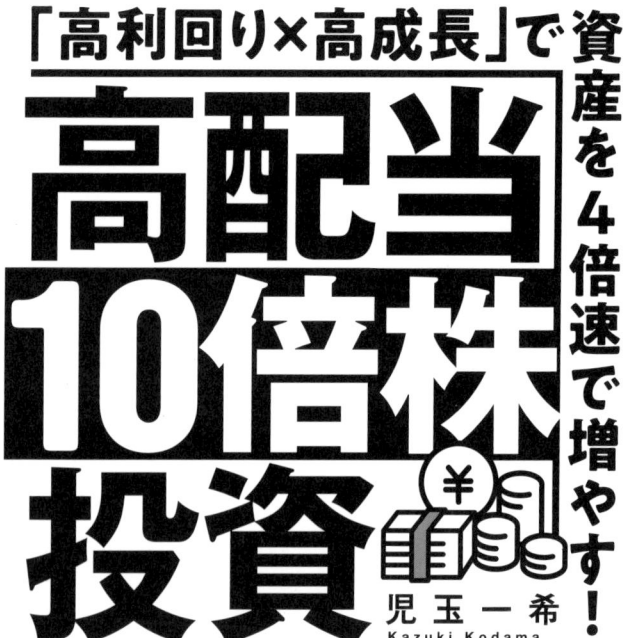

児玉一希
Kazuki Kodama

KADOKAWA

プロローグ

新NISAの最適解！ 高配当×成長株のハイブリッド投資で資産を「4倍速」で増やす

高配当株投資は、2024年1月から始まった**「新NISA」にぴったりの投資法**です。

新NISAで、「個別株」に投資できる成長投資枠が生涯1200万円と大幅に拡張され、**「値上がり益」と「配当」の両方が非課税でそのままあなたの手取りになります。**

しかも、売却しても翌年に非課税枠が復活するため、数年スパンで利益確定を繰り返しながら投資元本を倍々で増やしていくこともできます。

一般的に、ＮＩＳＡというと、米国の代表的な株価指数に投資する「Ｓ＆Ｐ５００」や全世界の有力企業に分散投資できる「全世界株式（オール・カントリー）」などのインデックス投資が主流です。

しかし、**高配当株投資を絡めると、少なくともインデックス投資単体の、4倍速で資産形成が可能です。**

たとえば、元本１００万円からインデックス投資を始めたとします。

インデックス投資の年間平均リターンはプラス５％と言われており（諸説あり）、それを10年間複利で運用すると１００万円の元本が10年後は１６２万円になります（比較しやすくするために定期積立ではないことを想定）。

10年間で1・6倍でも素晴らしいですが、私が提唱する**成長性の高い高配当株投資**を活用すると、**リターンは爆上がり**します。

想定数値としては、10倍株と言わず現実的な数字で考えて、年間で平均プラス20％（1・2倍）の値上がり益と配当利回り3・5％を得られるとします。

あなたが個別株を少しでも売買したことがあるなら、**年間で20％前後の値動きは特別なことではないというのが分かると思います。**また、本書で後述する暴落期のエントリーを徹底すれば**配当利回り3・5％以上も十分に現実的**です。

シミュレーションしてみましょう。100万円を投資して年間で平均の値上がり率プラス20％で運用、さらに利回り3・5％以上の配当金3万5000円も発生するので、それも元本に再投資します。

上記の運用を繰り返すと**10年後に元本は710万円**に。これは、毎年プラス5％でインデックス運用した場合の**4・35倍のリターン**になります。

年間でプラス20％というと小さく見えるかもしれませんが、**複利を活用することで資産増加スピードは加速**します。

1銘柄で達成というよりも**4〜5銘柄に分散し、そのうちの1つが2倍に成長したり、ちゃんと売買ポイントを吟味して仕込んだりすることができれば、全体として全て含み益でプラス20％のリターンを出すことは十分可能**です。

また、値上がりした銘柄を全て利益確定し、その増えた資金で高配当株を買い、配当額を引き上げることもできます。たとえば先ほどのシミュレーションですと、6年目で元本は3・33倍になっています。

当初は100万円に対して3・5万円の配当金しかもらっていませんが、**そこ**

で利益確定した333万円を5%の配当利回りの銘柄に投資すると配当金額が16万6500円となります。これだけで**配当額が4・75倍**です。

しかも、NISAなら値上がり益も配当も全て非課税です。月に5万円をインデックス投資で積み立てても、2000万円の老後資産を作るのに約20年はかかります。しかし、この投資法を取り入れることでより早く、資金量によってはFIREも視野に入ります。

ここまで、お示ししたことは、本書に書かれていることをきちんと実践すれば、誰でも実現可能です。新NISAのビッグウェーブに乗り遅れないでください!!

はじめに

本書を手に取っていただき、ありがとうございます。

私は高配当株投資を中心にしたＹｏｕＴｕｂｅチャンネル「Trade Labo」を運営しており、19万人以上（２０２４年2月現在）の方にチャンネル登録いただいています。金融教育事業を手掛ける会社も経営しており、８年間で対面・オンライン合わせて延べ２万名以上の個人投資家へ指導してきました。

特に個人投資家に人気でお勧めしたいのが、高配当株投資です。

配当を出しているのは安定した大型企業が多く、株価の上下関係なく入ってくる配当金は、老後の収入の心強い足しにもなります。長期保有することで値上がり益も狙えます。

しかし、本書を執筆した理由でもあるのですが、私は以前からある「強い問題意識」

を持っていました。それは、多くの個人投資家は「資金が限られる」ということです。経験則ですが、投資に回せるお金が100万円~300万円くらいの方が最も多いのではないでしょうか。そうなると、いくら高配当株で年間4%~5%、上手くいって10%の利回りを得ても、人生に大きなインパクトを与える増やし方はできません。

もちろん、リスクを大きく取って値上がり益を求めすぎても良くないのですが、「せっかく大事な資金を長期間投じるなら、もっと株価成長を求めても良いのではないか?」と考え続けてきました。

そして、私自身の高配当株投資での成功・失敗経験を掛け合わせ、高配当株でありながら長期で株価上昇、時に10倍も狙える投資法について本書にまとめました。

「そんなの本当?」「危なくない?」と思われるかもしれませんが、ハイリスクな小型株への投資ではありません。日本を代表するような大型の高配当株を長期保有しながらでも、大化けする銘柄に出会えるのです。

本書では、私が実践している長期投資の基本はもちろん、業績成長に伴って長期で株価を上げていきやすい銘柄の特徴、売買ポイント、さらに実際に私が成長期待で保有している高配当株の事例も出し惜しみなく公開します。

一般的には堅実・安定型と言われる高配当株投資ですが、より吟味すれば資産形成が加速し、それまでのあなたには想像がつかなかったようなところまでたどり着けるかもしれません。

大きなリターンを狙う分、銘柄選択の精度は必要で、専門的な内容も本書には一部入ってきます。が、初心者にもできる限り分かりやすいよう構成したので、宜しければお付き合いいただけますと幸いです。

2024年3月　児玉一希

《目　次》

第4章 伸びしろしかない会社はコレがある！「爆益」&「爆配」予備軍の賢い見つけ方

第5章 数字を追えば明々白々！ピンチをチャンスに変える暴落の買いタイミング

第6章 迷ったらコレを見ればOK! 購入リスト即候補入りの厳選9銘柄

●本書の多くは、執筆時２０２３年９月〜２０２４年２月現在の情報をもとに作成しています。本書刊行後、金融に関連する法律、制度が改正、または各社のサービス内容が変更される可能性がありますのであらかじめご了承ください。
●本書は株式投資情報の提供も行っていますが、特定の銘柄の購入を推奨するもの、またその有用性を保証するものではありません。個々の金融サービス、またはその金融商品の詳細については各金融機関にお問い合わせください。
●株式投資には一定のリスクが伴います。売買によって生まれた利益・損失について、執筆者ならびに出版社は一切責任を負いません。株式投資は必ず、ご自身の責任と判断のもとで行うようにお願い致します

装丁　菊池祐
校正　西岡亜希子
編集　五十嵐恭平

第1章

「高配当」こそ「高成長」が狙える！爆速＆着実に資産形成するロードマップ

「高配当」×「高成長」で2度おいしいハイブリッド投資術

注意！　チャート分析「だけ」で利益を出し続けるのは困難

本書執筆時点で8年間、投資教育の現場に携わっています。これまでさまざまな投資手法を研究し、多くの個人投資家と対話して、やはり、**高配当株の長期投資が最も再現性に優れている**と実感しています。

一般的に、個人投資家に人気なのは株を安く買って高く売る、値上がり益狙いのスイングトレードです。しかし、相場の調子が良ければ大きく稼げる分、いったん相場環境が変わると途端に通用しなくなり、結局トータルではマイナスということが起こります。

私自身も投資を始めたころは1週間程度で買って売ってを繰り返すスイングトレー

ドをしていました。投資を始めた２０１７年はちょうど株式市場が好調で、上昇トレンドの途中で下がったところを買えばそれが押し目（一時的な下落ポイント）になり、その後順調に上がっていくというパターンで初年度から利益を出したのを覚えています。

自分の給料の２倍の金額を１週間で稼いだ時は本当に感動しました。

ただ、それが２０１８年になると株式相場全体が軟調になり、利益を出せなくなったのです。なかなか高値を更新せずに年末には大きな暴落もありました。

上昇トレンドの押し目買いは株価の上昇が続くことが大前提です。しかし、**横ばいのレンジ相場になると利益の幅が小さくなりますので、パフォーマンスが悪化し、結果として負け続けるようになりました。**

膨大な時間を費やしてチャート分析し、さらに損切りラインも厳密に定めてやったにもかかわらずです。よく分からないチャートの動きに翻弄され何も残りませんでした。

今でこそ思うのですが、株価チャートというのは非常に複雑な要因が絡み合って形成されています。

株価変動の主な要因としては、企業の業績で株価が動く個別要因、日経平均や経済政策などで株式相場全体が上下する地合い要因、さらにそういったファンダメンタルズとは関係なく、特定の投資家の売買で株価が動いてしまうような需給要因の3つがあります。

そのため、移動平均線タッチやゴールデンクロスなど、単一のパターンだけで対応できるはずがありません。常に相場の変化を敏感にキャッチしておかなければならず、どんなに準備をしていても、企業の不祥事や世界経済の悪化など、自分ではコントロールできない要因によって損をしてしまいます。

高配当株投資こそ値上がり益を狙うべし！

もちろん、**本書では値上がり益を狙うためのチャートの分析法も紹介します。**ただ、常に株価の動きを追って稼ぐような方法は、歩合制の営業と同じで、今日稼げたとしても明日稼げる保証は一切ありません。

その点、**高配当株であれば企業の配当という、ある程度計算できる利益が毎年確定します。そのため、株価が上昇しようが下落しようが、一定の利益を得られるとともに、精神衛生上も良い**と言えます。

長年にわたり配当を出し続ける企業は、業績が成長し続ける傾向にあります。その結果、株価も長期的に上昇しやすくなります。

また、投資の現場で個人投資家が最も悩むポイントとして、高値と安値の見極めがあります。どんなに優良な銘柄でも、売買ポイントを間違えて高値掴みすると、大損してしまいます。

人はつい、話題になっている勢いのある銘柄に飛びつきたくなります。しかし、たいていは皆が優良株と知った時が天井（＝株価の最高値）です。それ以上、上昇することなく高値掴みを誘発します。

逆に、優良企業でも株価が暴落しているような時こそ投資のチャンスなのですが、そんな時に限って心理的な抵抗から敬遠しがちです。

しかし、**高配当株の場合は、株価が暴落している時こそ喜んで買えるようになります。なぜなら高配当株は株価が低くなるほど配当利回りが上がるからです。**

投資資金に対して、どのくらいの配当をもらえるかを表す指標を配当利回りと言います。たとえば、株価が1万円で配当金が200円の銘柄があれば、配当利回りは200円÷1万円＝2％になります。

ところが株価が下落して、5000円になった場合、配当利回りは200円÷5000円＝4％に引き上がります。同じ銘柄の配当でも、**株価が下がれば下がるほど、リターンが上がるのでお得になります。**

株価が下がるほど高利回りに！

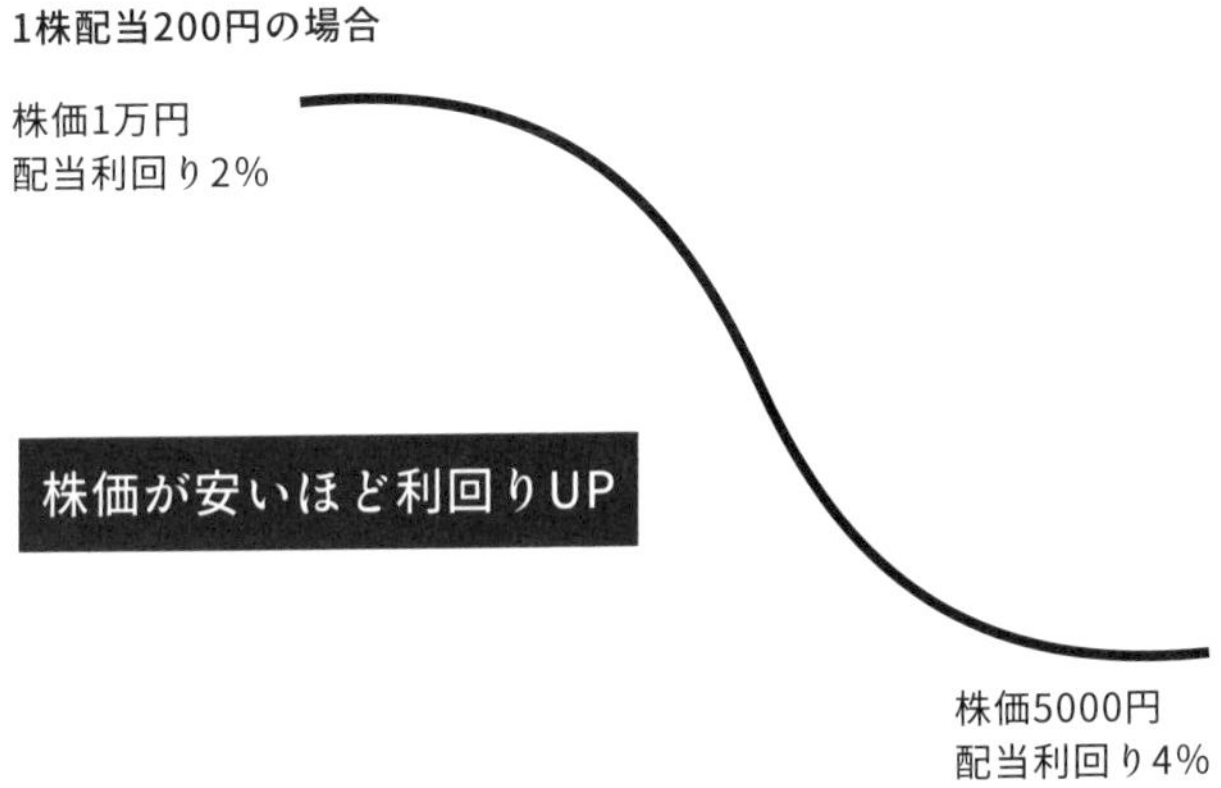

私は高配当株を狙う時に**配当利回り4%～5%**をできる限り基準にしていますので、株価が上がってしまって利回りが高くない銘柄は、手を出したくなくなります。

これが高値掴みの防止になり、逆に配当利回りが高い暴落期にだけ株を買うインセンティブになるのです。

長期投資でも10倍株（テンバガー）を狙える理由

怒涛の追い風が吹く日本の株式市場

2023年、TOPIX株価指数は1990年8月以来の最高水準に達し、日経平均株価は2021年9月以来初めて3万円を超えました。2024年の2月も旺盛な海外投資家の買いによって3万9156円まで上昇し、日経平均はバブル時の最高値である3万8915円を遂に更新しました（2024年2月22日）。

米国やヨーロッパの成長見通しに関する懸念、中国やロシアなどの国際情勢の悪化が、日本株への投資資金のシフトを引き起こしていると言われています。

まさに今、日本経済が長期にわたって苦しんできたデフレスパイラルから回復しつつあり、その背景には長期的な金融緩和政策や政府による投資の奨励があります。さらに、著名な投資家ウォーレン・バフェットが日本株への投資を増やしたのも話題となりました。

中長期的な観点から見て、日本経済は大きな構造変化を遂げつつあり、企業が競争力を高め、そして日本株は引き続き最も有望な株式マーケットの１つとなるでしょう。

たった３年で配当金75円↓160円＆株価４・５倍の大手重工

とはいえ、単に高配当株だけを狙う投資スタイルには弱点があります。

高配当であるとは、長年業績が安定している証ですが、言い換えれば、会社として成熟しており、成長性が低いとも言えます。

実際、高配当株で人気のＮＴＴや電力会社、ＪＴ（日本たばこ産業）などは、毎年業績も配当金も安定していますが、爆発的には成長していません。株価の動きもゆっくりというケースが多いです。

株価の動きがゆっくりということは、それだけ安心感があり素晴らしいことなのですが、せっかく自分の大事な資金を投じていくわけですから、長年保有するほど大きく値上がりしてくれた方が嬉しいですよね。

実際、**日本の高配当株の中には長期で株価が大きく伸びるケースが多々あり、10倍以上になる銘柄もたくさんあります。**

たとえば、防衛産業に属する三菱重工業（7011）は、2020年には株価が約2000円まで下がったのが、好調な業績と防衛予算の増額などもあり、3年間で株価が4・25倍に急騰しました。

2020年時点で配当利回りが3・5％程度だったところ、配当金自体も75円から160円になる見通しで、2倍以上となります。2020年当時の株価からすると利回りが7〜8％になっています。

三菱重工業（7011）／配当金推移

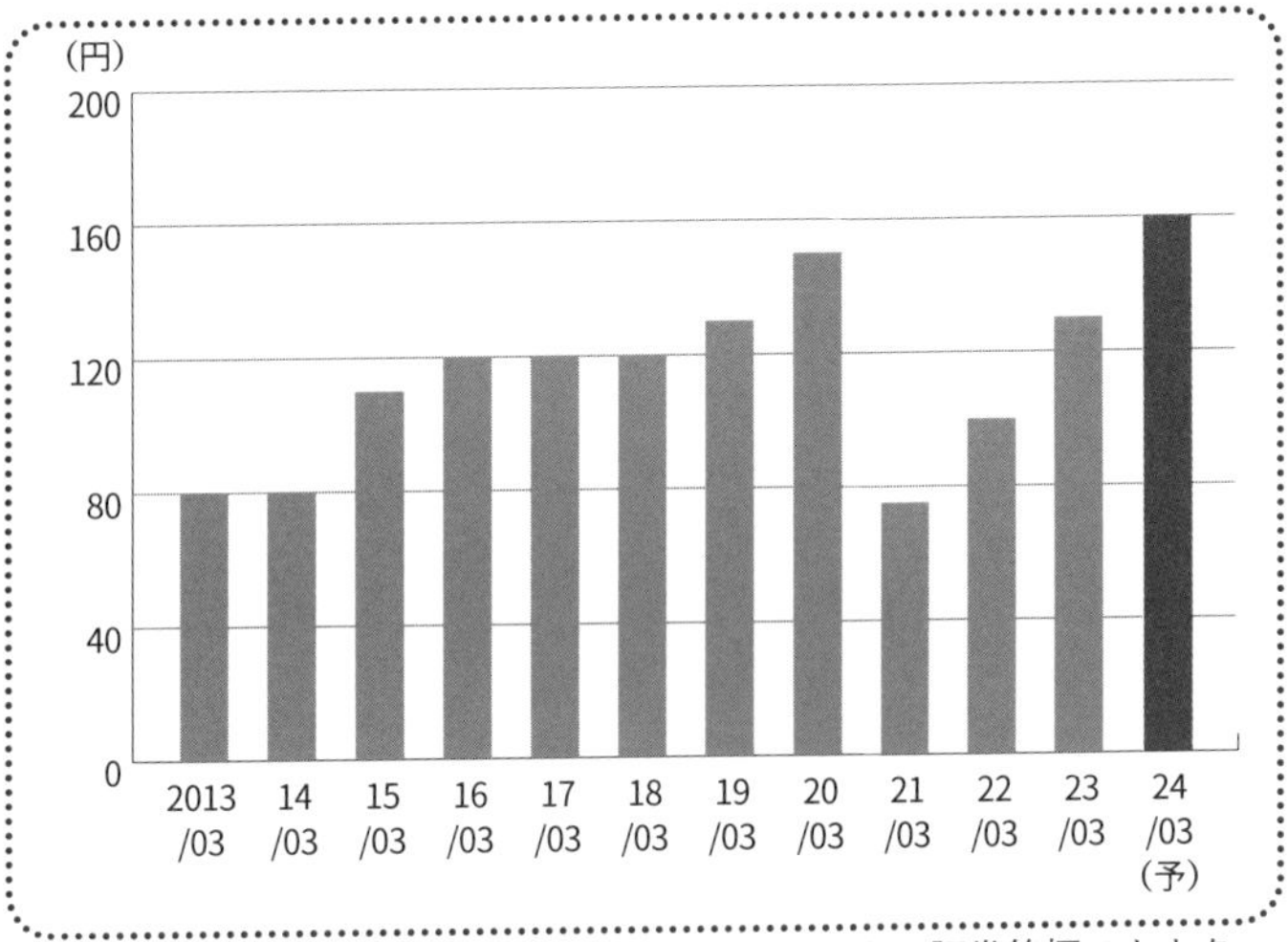

出典：マネックス証券銘柄スカウター

14年で株価10倍＆配当金爆増の大手商社もある

五大商社の1つの丸紅（8002）。資源価格の下落により赤字が続く時期もありましたが、**2009年から2023年までに株価は10倍増を達成し、さらに配当金も大幅に増えています。**2009年当時は、260円の株価に対して配当金が10円で、配当利回りは3・8%でした。

しかし、近年の好業績により2024年3月期には配当金が83円にまで増額。これを最安値の株価260円で割ると、配当利回りは何と31・9％になります。さすがに極端な例かもしれませんが、長年かけて株価が安定成長し、配当金も増加すると、投資した資金に対して年間の値上がり益だけではなく、とてつもないインカムリターンをもたらすのです。

業績向上と配当金増額を実現する企業は確実に存在する

このように、**高配当株の中には長年業績を上げ続け、配当金もそれに応じて増額し、気づけば当初投じた資金に対して信じられないリターンをもたらしてくれる銘柄が多数存在します。**

しかもその間、いちいち株価チェックをしたり、チャート分析をしたりする必要はありません。そのため、仕事や日常生活に時間を十分に使えますし、投資にかける精神的なコストを考えても、最もコスパの良いやり方になります。

丸紅（8002）／年足　2005/01/01～2024/01/17

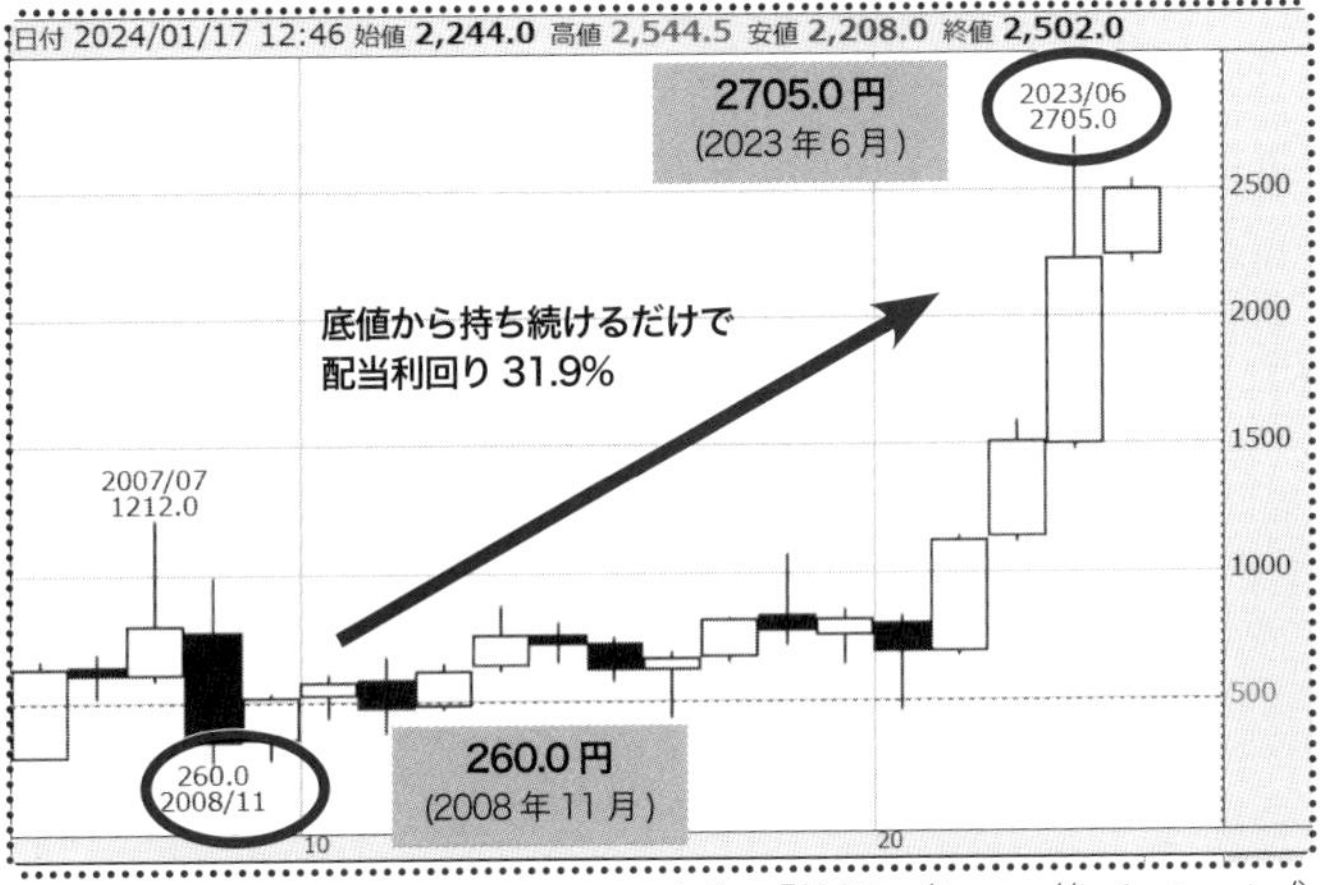

出典：「株探」（https://kabutan.jp/）

放置スタイルの投資と言えば、つみたてＮＩＳＡにおけるＳ＆Ｐ５００の積み立て投資などが挙げられますが、高配当株は将来の資産増加だけでなく、毎年毎年配当収入が入ってくるので、投資による喜びを実感しやすいです。配当を再投資してもいいですし、老後生活の足しにしてもいいでしょう。

もちろん、高配当株であれば何でもいいわけではありませんので、**本書では配当が安定して増えやすく、かつ値上がりも狙える銘柄の選び方・投資法について扱っていきます。**

初心者でも本業の片手間に資産を爆増できる投資法

「時間」と「お金」を失わない投資スタイルを目指すべき理由

本書では何度もお伝えしていますが、**私は投資における継続性・再現性をとても大切にしています。**

特に初心者の方であれば、資金が限られ、知識も少なく、経験の少なさから判断を間違ってしまうことも多々あります。

そのため、何よりもまず、**資金を大きく失わないこと、そして、年を経るごとに利益が積み重なっていくことを重視した投資戦略を設計しています。**

まずは、あなたが投資で目標としている資産額を想像してみてください。その資産額が、たった1か月、半年、または1年程度で達成できるものかどうかを。ほとんどの場合、達成できないはずです。

基本的に、特別な幸運がない限り、投資で利益を積み上げるには相当な時間が必要です。

たとえば、年利５％で資産を2倍にするには約15年が必要です。そして、その期間中に資金を大きく失ったり、投資を継続できなくなるような事態は避けなければなりません。

ただ、その一方で、相場は年によってまったく違うパターンに変化します。

そのため、**画一的なノウハウではなく変化が生じる中でも生き残っていける、そういった考え方で投資に臨む必要があります。**そのためには何よりもまず、継続できる投資スタイルを少しずつ身につけるのが重要です。

さらに言えば、個人投資家のほぼ全員が投資の専門家ではありません。

忙しい日常生活の中でスキルを習得するには、どうしても相応の時間をかける必要があります。その間に、小額でも高配当の長期投資を通じてさまざまな経験を積み重ね、経験値を高めていただくことを推奨します。

私自身も普段は毎日12時間ほど仕事をしていますので、株価チャートを1日中チェックする時間なんてありません。

それでも問題なくできていますのでご安心ください。

「ビッグチェンジ」企業の変化を捉える

期待されていなかった企業の好業績を狙う

株価とは、会社に対する評価です。その評価を大きく左右するのが、投資家にどの程度のリターンを提供してくれるか。つまり業績です。**業績が向上すれば、それに見合ったリターンが期待でき、投資家の人気も高まり、株価が上昇します。**

では、将来的に大きく成長が期待される企業の株を見つけるためにはどうすればいいでしょうか。そのためには、期待と現実のギャップを見極めることが重要です。つまり、**元々期待されていなかった企業が予想外の好業績を達成すると、それがギャップとなり、急騰につながります。**

先に紹介した丸紅も、コロナ禍において業績が赤字に転落しましたが、２０２０年中に業績回復し、２０２１年11月には通期業績を予想比プラス52％に大幅に上方修正し、17円増配するサプライズ決算を発表しました。

その結果、株価は急上昇し、高値と見られていた約１０００円から２０２３年の６月までに約２７００円（２・7倍）になりました。このように、市場の期待と実際に出した業績に大きなギャップがあるほど、株価は上昇します。

別の観点で例えると、テストで30点しか取れなかった生徒が、突然90点を取るように高得点を叩き出すと、その評価が一変します。この**ギャップやサプライズ感が重要です。**

逆に、常に１００点を取り続けていた生徒が一度の不調で90点しか取れなかった場合、周囲のその生徒に対する期待は「１００点を取って当たり前」だったので、90点という高得点を取っても評価が下がってしまいます。

そのため、「最初から優秀すぎてピカピカな企業」にビッグチェンジはあまり期待できません。むしろ、**業績が一時的に悪化して評価が劣等生になっている企業が予想**

外の結果を出した時にこそギャップが生まれやすいのです。

大化け株を狙うのが必ずしも正解とは限らない

もちろん、ピカピカの大手優良企業がダメということではありません。むしろ、堅実さを求める長期投資では、毎年業績を上げ続ける大手企業の方が有利です。

彼らは優秀な人材や競争優位性、巨大な資本力によって長期で株価を成長させていきます。実際、高配当株のほとんどが日本を代表する大型企業です。

ただあくまで、大きな値上がりを期待する場合は、最初から業績がピークの企業を狙うと苦戦する可能性が高いです。これからトヨタ自動車の業績がいきなり2倍になって、短期間で株価が倍増するとは考えにくいですよね？　したがって、**大手企業でも新興企業でも、急騰を狙う時はこの期待と実力のギャップから生まれる「ビックチェンジ」という観点を忘れずに投資しましょう。**

高配当銘柄は通常、成熟期にあり、成長が鈍化していると思われがちですが、中には業績を改善させながらゆっくり成長し、何年か後に振り返ると大きく株価が上がっていた、といった銘柄も多数存在します。

いきなり、**株価が短期間で2倍、5倍、10倍になるような大化け株を狙わなくて大丈夫です。**そもそも、そんな銘柄に何度も出会えることは稀ですし、短期で急騰する銘柄というのは、その分センセーショナルに注目されるため、その後持続的に上昇しないケースが多いです。

「チョコザップ」のヒットで株価が倍増するも……

たとえば、RIZAPグループ。2022年8月から手がけた低価格帯ジムの「チョコザップ」が1年間で1000店舗を突破し、会員数も日本一となる80万人を超え、大ヒットを記録しました。

ＲＩＺＡＰグループ（2928）／日足　2023/07/18～2024/01/17

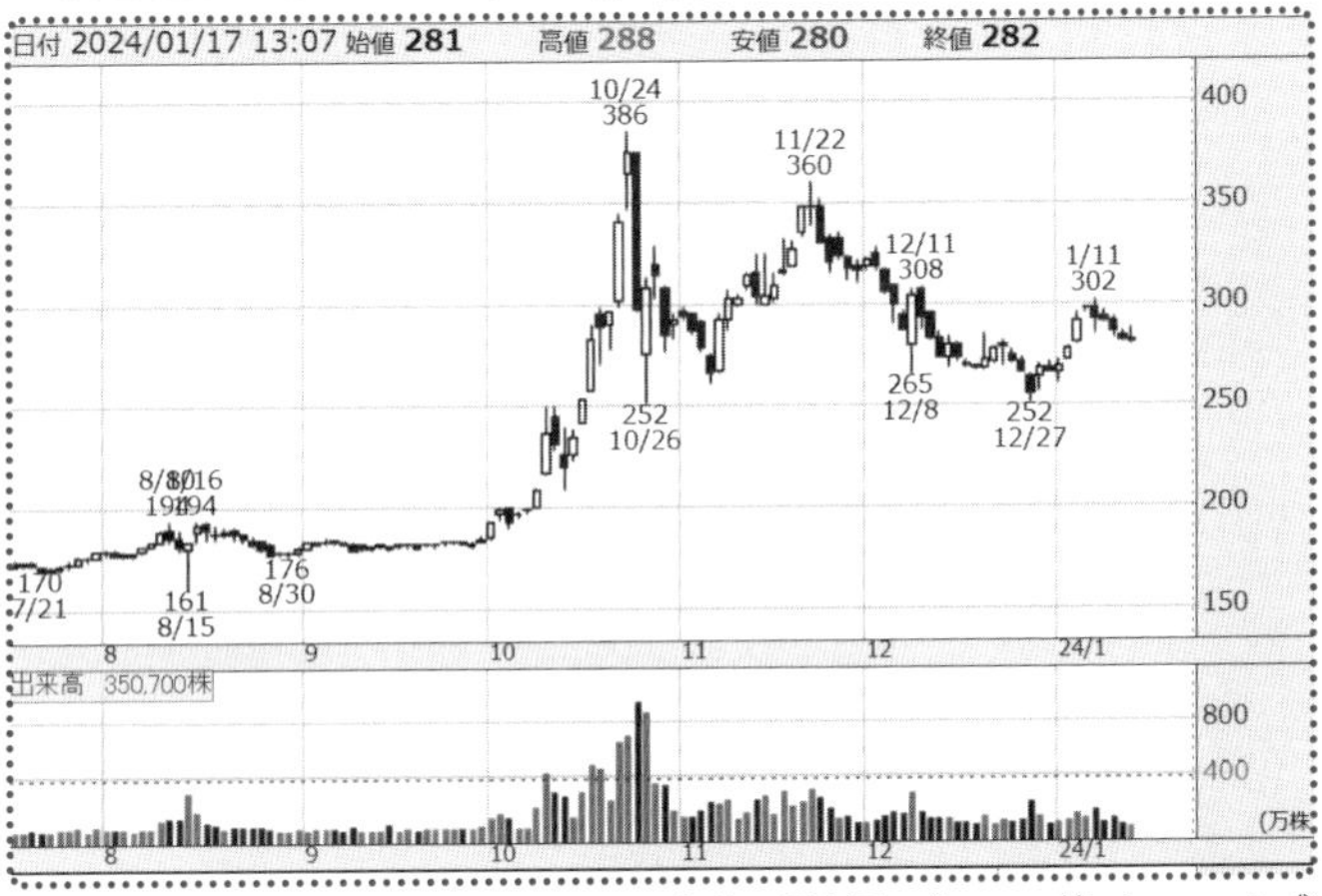

出典：「株探」（https://kabutan.jp/）

この好調がニュースで報道されるとたちまち株価は急騰し、２０２３年10月には１株１８６円から３週間で３８６円まで２倍以上になりました。

ただし、その後は**売上予想の下方修正などがあり、１００円以上急落しました。現在、その高値を超えていない状況です。**

ＲＩＺＡＰについては今後も成長する可能性があるかもしれませんが、重要な点は、**あまりにも派手に株価が急騰すると、その銘柄の上昇ポテンシャルが一気に使い切られ、持続的な上昇が難しくなること**です。一発屋のような状態に陥る可能性があるのです。

不用意に劇的な株価急騰を求めないことが定石

そのため、長期的な視点で見れば、実は、大化けするよりも着実に成長する方が望ましいのです。

年間値上がり率が平均1・2倍（プラス20％）だったとしても、複利で10年継続すれば6・19倍。同じく値上がり率1・3倍（プラス30％）を10年続けると13・78倍になります。個人的にはこれだけでも十分ですし、最初から劇的な変化を求める必要はないのです。

また、高配当銘柄は、配当目当ての投資家の買いが生まれるため底堅く、成長に期待しつつ、安心して保有することができるでしょう。

第 2 章

9割の素人投資家がハマる高配当投資の甘い罠

「寝かせて増やす」がはらむリスク 長期投資こそ銘柄選びは慎重に

「長期投資」に潜むリスクから目を背けるな

長期投資は専門知識が無い人でも続けやすく、私自身もそのスタイルで資産を増やしてきました。

長期投資の良い点は時間をかけて資金や買いポイントを分散しながら、資産額を増大できることです。頻繁に売買しなくていいので仕事をしながらでもできますし、投資金額が1万円でも1億円でも同じように継続できます。

ただし、そんな長期投資にも見過ごされがちな重大リスクが潜んでいます。

実は、この**「長期」という行為そのものがハイリスクで、大損につながりやすい**のです。

投資とは自分の限りある資金を価格が変動するマーケットにさらす行為です。私がここで言う必要もないですが、時には自分の思惑とは逆方向に価格が動き、損をすることもあります。

そのリスクを取るからこそ労働や貯金だけではありえない資産増加を目指せるわけですが、リスクを正しく認識しなければなりません。

リスクとは、振れ幅のこと。すなわち、「この株に投資すると〇〇〇円くらい損するかもしれないけど、〇〇〇円儲かる可能性もある」という振れ幅を言います。

この幅が小さいほど、ローリスク・ローリターン、大きいほどハイリスク・ハイリターンになります。

そして**「長期投資」は、その振れ幅が大きい**のです。

私の場合、長期とは5年~10年単位での投資を意味していますが、その期間分だけあなたの大事なお金をマーケットの変動にさらし続けるということです。

長期投資こそ銘柄選びは慎重に行う必要がある

株価は1日で5倍や10倍になりません。

資産を大きく伸ばすには時間が必要です。これは裏を返せば、思惑と逆方向に動くと、時間をかけた分だけ損失が拡大しやすい（ハイリスク・ハイリターン）ということです。

デイトレードであれば1日の損失幅はせいぜい1％～5％ぐらいで終えられます。しかし、**長期投資であれば平気で2倍～3倍に上がったかと思いきや逆に2分の1、3分の1にもなります。**

そのため、当たり前ですが、長期で大きく変動する以上、最終的に株価が上昇している銘柄に投資できていないと、資産形成スピードは大きく減速します。

今でこそ人気の高配当株であるＪＴ（日本たばこ産業）も２０１６年の高値から

ＪＴ（2914）／月足　2014/02/28～2024/01/17

出典：「株探」（https://kabutan.jp/）

２０２０年まで5年かけて64％も下落しました。あなたが１００万円をＪＴ株に投資していたら、たった5年で３６０万円にまで資産が減ってしまう計算です。

ＪＴの株自体は日本株買いが見直されて長期的に上がっていく可能性はありますが、本書を執筆している２０２４年の2月時点ではまだ8年前の２０１６年の高値を超えられていません。

株価暴落を誘発する「連続増配」を信用し過ぎてはいけない

好調な業績をキープしている企業が行う「連続増配」

高配当株の魅力の1つとして「連続増配」が挙げられます。

企業が毎年配当金を引き上げるもので、長期で株を保有すればするほど当初の投資資金に対し配当利回りが上がっていきます。日本でも連続増配年数トップの花王をはじめ、KDDI、三菱HCキャピタル、小林製薬など20年以上増配を続けている企業が多数あります。米国株はさらに凄まじく、P&G、ジョンソン&ジョンソンなど60年以上連続増配している優良企業も存在します。

連続増配するということは、毎年配当金を引き上げなければならないということなので、企業は継続して業績を伸ばし続けなければいけません。浮き沈みがあるビジネスの世界において、長年会社から出ていく配当金を増やし続けるという、まさに離れ業をやってのけているのです。

何十年も増配を続けている企業であれば来年も配当金を上げる確率は高いですし、継続して利益が上がれば長期の株価上昇にもつながります。

しかし、**中には連続増配していても、業績が頭打ちもしくは下降曲線をたどる企業もあります。**そういった企業の株価が良い結末を迎えることはあまりありません。

赤字でも連続増配を続けた結果……

たとえば、米国の通信会社であるＡＴ＆Ｔ。日本でいうＮＴＴドコモやＫＤＤＩに当たるインフラ企業で、36年にわたり増配を続けてきました。

しかし、２０１６年ごろから株価下落が顕著となりました。その理由として、携帯加入者の伸び悩みで通信料収入が上がらなかったことが挙げられます。そのため、衛星放送局のワーナーメディアを買収しコンテンツの高付加価値化を図りましたが、ネットフリックスやアマゾンプライムなどとの競合が激しく２０２０年には赤字に転落してしまいます。それでも当初は増配を続けました。

業績が伸び悩めば最終利益は減ります。一方で、配当金は最終利益から支払われるので、**いわば収入は減っているのに支出は毎年上がり続ける状態だった**のです。そうなると、結果として手元にお金が残らず、企業が成長のためにお金を使えなくなって株価も下がります。

必然的に訪れた減配&下落のダブルパンチ

２０２２年4月、ＡＴ＆Ｔは業績の悪化とともに足を引っ張っていたワーナーメディアを切り離し、ついに連続増配をストップ。翌年には配当金を減配しています。

新型コロナで暴落した時は株価26・08ドルで配当利回りは８％近くありましたが、

ＡＴ＆Ｔ（Ｔ）／週足　2018/11/02～2024/01/17

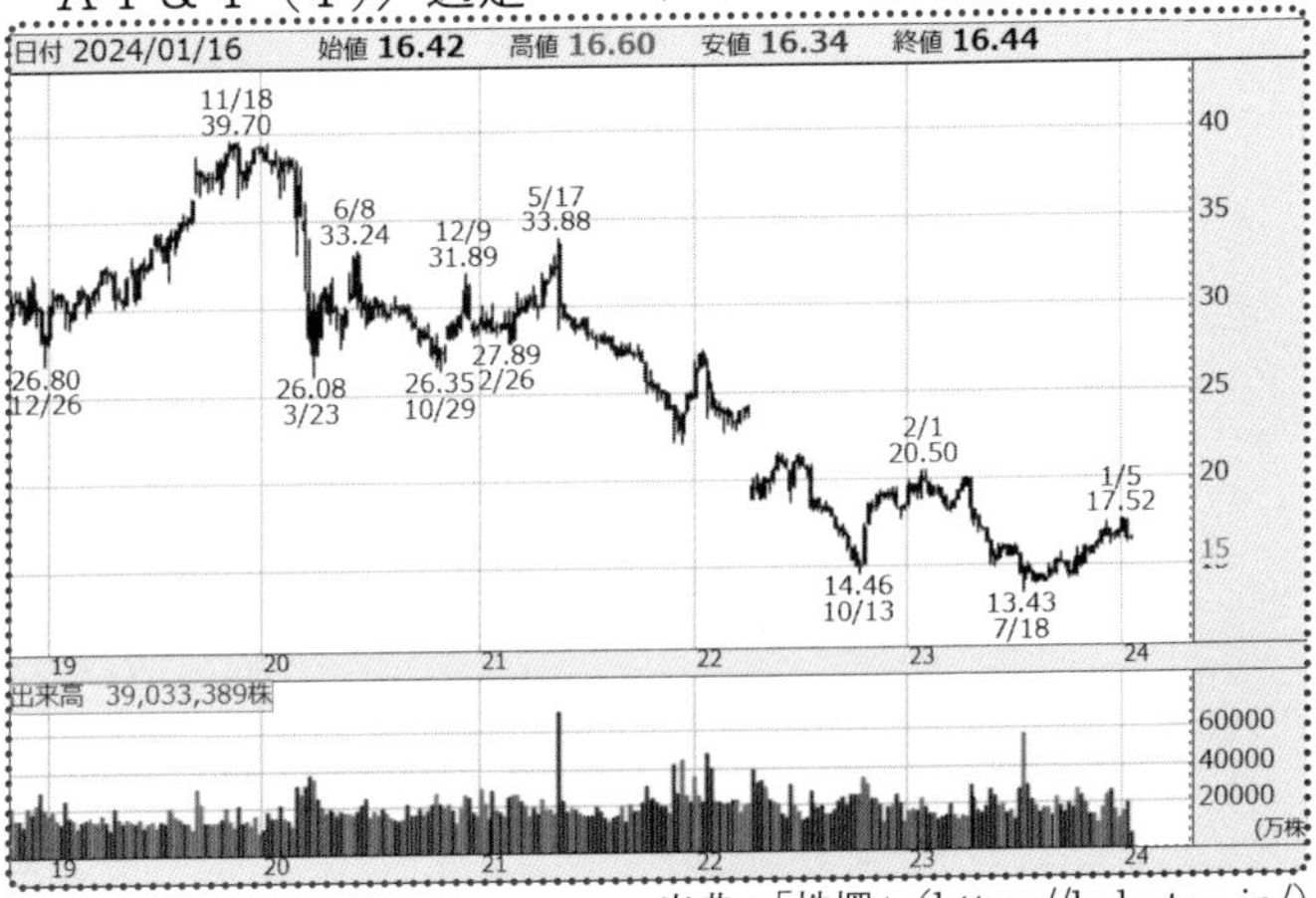

出典：「株探」（https://kabutan.jp/）

その後下落し続け、２０２３年時点での株価は高値からマイナス66％以上も下落。

そうなると、いくら配当利回りが高くても株価の含み損でトータルは大きくマイナスになってしまいます。配当金も減っていますのでダブルでダメージを食らいます。

一方で、連続増配を止めることで株価が上がるケースもあります。前項で紹介したＪＴ（日本たばこ産業）も２０２１年に業績悪化に伴い配当金を減配しましたが、これが「悪材料出尽くし」となり、その後株価は大きく反発しています。それまで続けていた連続増配が業績の足かせとなっていたのですが、それが外れたのです。

増配は続けていても業績が下がっていると、「いつか減配するのではないか？」と、投資家が懸念し、結果として株価が下がり続けます。そのため私は**連続増配してくれるのはもちろんありがたいのですが、それを根拠に高配当株に投資することはありません。**

あくまで配当の根拠となる利益成長があるのか？　それが一時的に難しいのであれば、むしろ連続増配はせず配当金は前年と同程度にキープしてくれたらありがたいというくらいのスタンスです。

自分自身が会社経営を4年しているので実感するのですが、オーナー企業ならともかく、あまりに株主など関係者からの要求が強いとどうしても短期的な施策に走りがちです。過度な株主還元は会社の長期ビジョンに影を落とすのです。

初心者の９割が陥る高配当銘柄選び５つの失敗

利回りの高さにつられて投資したものの株価が暴落してしまう高配当株には大きく分けて５つの共通点があります。

思わぬ損失を防ぐためのポイントをまとめました。

①売上や利益が頭打ちになって業績が伸びなくなる

株価が伸びる基本は業績です。**高配当であっても株価が下落したり将来配当を減らしてしまう企業は、やはり数年単位で売上・利益が頭打ちになります。**

業績が下がっていれば今この会社は調子が良くないのだなと想像がつくのですが、厄介なのは頭打ちのパターンです。

たとえば米国の化学・電気素材メーカーであるスリーエム（ＭＭＭ）は半世紀以上も増配を続ける伝統的な高配当株として有名です。ポストイットなどの身近な製品や、人々の生活に欠かせない素材を多数提供しています。

そんなスリーエムは米国を代表する優良企業として高い利益率を誇ってきましたが、左の図を見ての通り近年は売上高が頭打ち。２０２２年は物価高や化学製品における訴訟などで利益を大きく減らしてしまっています。

株価も２０１８年の高値から66％下落。２０２３年10月時点で配当利回りは６％を超えていますが、60％下落していると配当金10年以上分の損を出している計算です。

株価「急落」が顕著になったのは２０２１年からですが、よく見ると２０１８年ごろからじわじわと高値を切り下げているのがわかると思います。

スリーエム自体は素晴らしい企業ですが、売上や利益が伸びないまま投資家の評価が低くなり、更に利益が大きく上がっていないのに連続増配や自社株買いを続けることによって配当の安全性も年々低くなってきています。

スリーエム（MMM）／業績

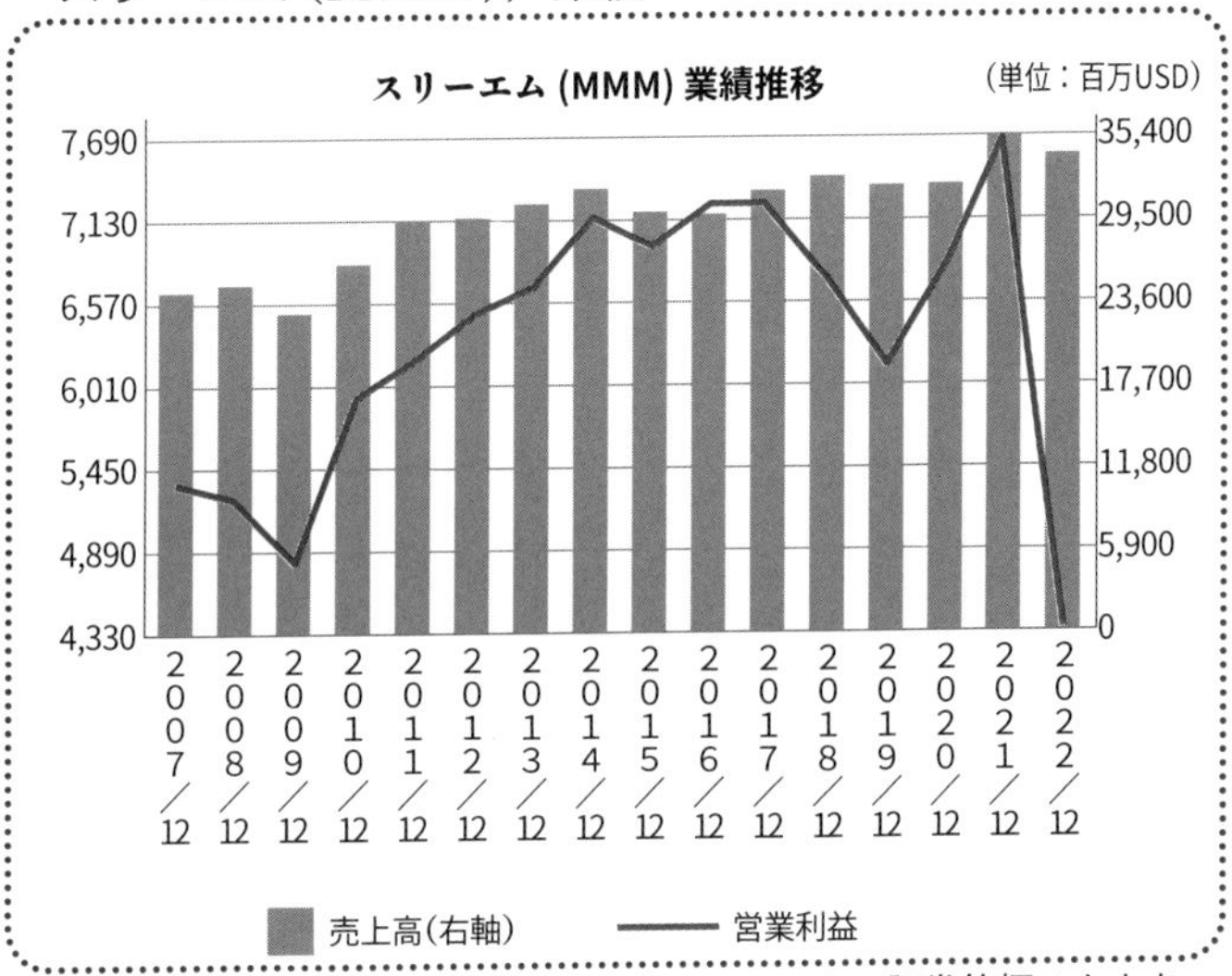

出典：マネックス証券銘柄スカウター

スリーエム（MMM）／月足　2014/02/28～2024/01/17

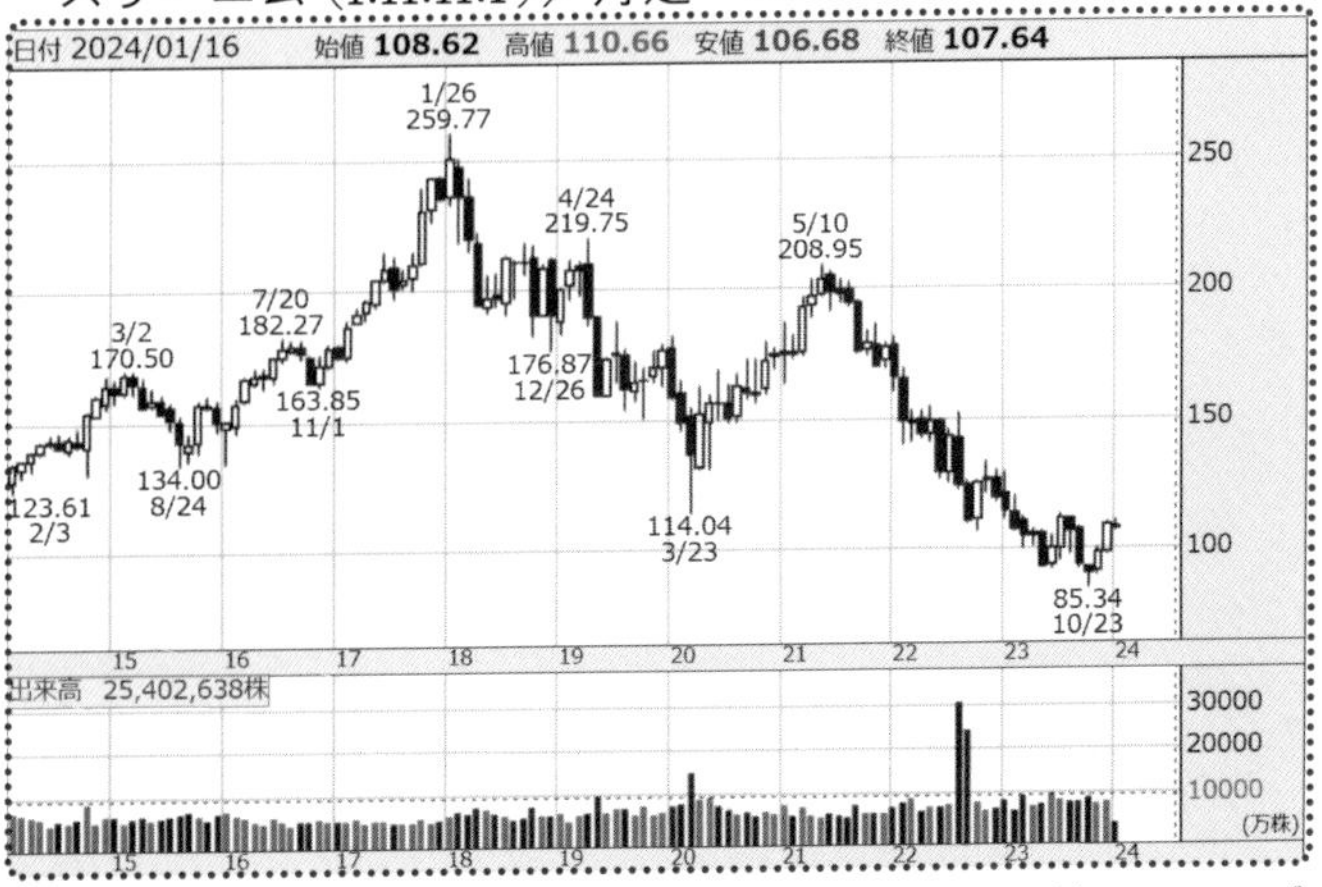

出典：「株探」（https://kabutan.jp/）

このように、**業績頭打ちの状況で何か利益を減らすようなイベントが起こると、株価は大暴落し、最後は減配してしまうことがあります。**

そのため私としてはどんなに**成熟した企業でも売上・営業利益・最終利益が少しでも前年を上回るように推移している方が望ましい**と考えています。

② 借り入れが多く利払いが利益を圧迫している

財務状態の悪化も見過ごせません。借り入れ＝利息のついている借金のことを有利子負債と言います。この有利子負債が多い企業ほど株価下落のリスクがあります。

特に近年は世界中の国でインフレを抑えるために金利高が続きました。米国は２０２２年から23年の夏までに１年半で０％から５％に政策金利を引き上げてようやく止まりそうな気配に。日本も長らく続いたゼロ金利政策を修正する流れになっています。金利が上がると企業が抱える借金の利息も上がりますので、それが利益を圧迫します。

高い配当を出す企業は、ただでさえ企業の外に出て行くお金が多いので、さらに負債の負担まで増えると株価下落のきっかけになります。一例をあげますと、日本の不動産ＲＥＩＴがあります。

私が実際に投資していたヘルスケア&メディカル投資法人（３４５５）という銘柄があります。４％以上の配当利回りがあるのですが、２０２２年12月に日銀が低金利政策を見直す少し前から下げ始め1年間で33％も下落してしまっています。

不動産は事業の性質上、多額の借り入れをして収益を出していくビジネスモデルですので、どうしても負債割合が高くなります。ヘルスケア&メディカル投資法人も有利子負債が自己資本（＝自分の元手資金）とほぼ同じくらいあり、これは不動産投資法人の中でも高い方に入ります。

実際に金利上昇に伴って創業以来初めて物件を売却するなどマイナス材料もあり、本書執筆時点では株価が大きく下がりました。

ただ、**借り入れが多いこと自体は必ずしも悪いことではありません。**借金をしてまでも会社の事業を伸ばすチャンスなのであれば、借り入れが必要な時もあります。ただし、さほど業績が変わっていないのに借り入れが増えている場合、事業が苦しい可能性もありますので注意が必要です。

その有利子負債が本業の収益の何年分に相当するか見るのが「有利子負債倍率」です。

有利子負債倍率は次のような計算式になります。

有利子負債倍率 ＝ （有利子負債 － 現預金） ÷ （営業利益 ＋ 減価償却費）

ヘルスケア＆メディカル投資法人（3455）／業績

財務【実績】

決算期	1株 純資産	自己資本 比率	総資産	自己資本	剰余金	有利子 負債倍率	発表日
2022.07	107,930.00	48.3	80,357	38,800	1,111	0.94	22/09/14
2023.01	108,395.00	48.0	81,243	38,968	1,289	0.95	23/03/17
2023.07	107,421.00	47.8	80,789	38,617	1,068	0.96	23/09/15

出典：「株探」（https://kabutan.jp/）

ヘルスケア＆メディカル投資法人（3455）／週足

2021/01/22～2024/01/17

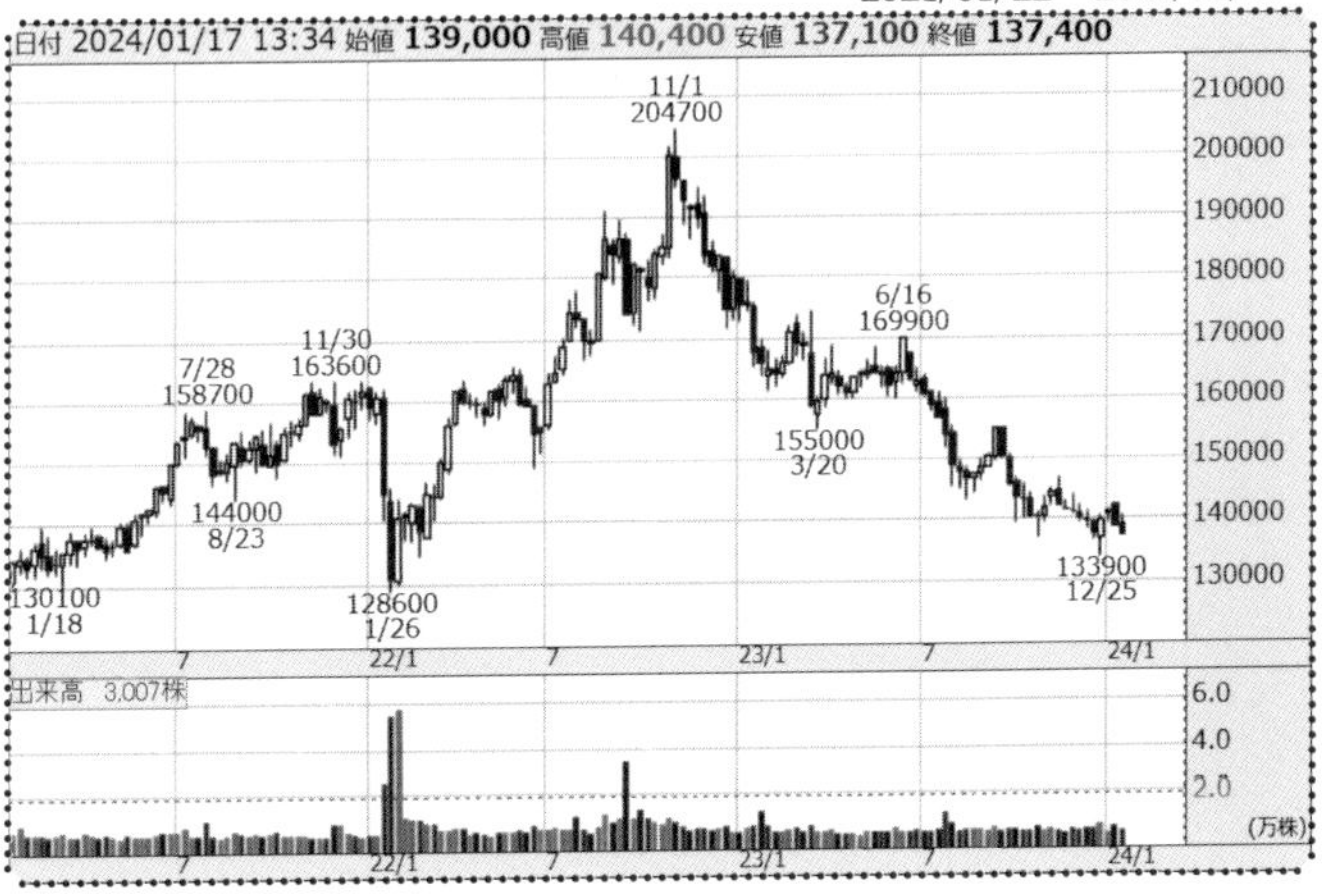

出典：「株探」（https://kabutan.jp/）

この指標は借金の返済能力を表しており、倍率が低いほど返済能力があり余裕があるということです。

業種によって違いますが、個人的にはこの有利子負債倍率は1倍未満が望ましいです。もし今すぐ借金を全額返さなくてはいけなくなっても、理論上は手元資金の方が多ければ返済能力があると言えるからです。

③ 異常に高い配当利回り

配当利回りが異常に高い場合も注意が必要です。前章でも挙げましたが、配当利回りの計算は次の通りです。

配当利回り（％） ＝ 配当金額 ÷ 株価 × 100

配当利回りが高くなるためには、配当金が上がる、または株価が下がるのいずれかのパターンになるのですが、「株価が大きく下げて利回りが急上昇」している場合は注意が必要です。

高配当株のランキングを見てみると、上位には利回り10％を超えるような銘柄もあったりしますが、その銘柄の株価チャートを見てみてください。

たいていの場合、長期間にわたって株価が下げ続けているケースが多いはずです。

高配当の定義は曖昧ですが、私としては利回り４％以上と考えています。その水準をはるかに上回る10％を超えるような高配当株は気をつけた方がいいでしょう。

本当に増配を続けていて業績に問題がなく、たまたま今の株価水準から利回りが高騰している場合もありますが、いずれにせよ、その背景を考えなければなりません。

高利回りでも株が買われていないので、それだけ企業に対する評価が良くないと言えます。先に紹介したスリーエムやＡＴ＆Ｔのように、配当利回りが10％近くなっていたとしても、株価の暴落や無配転落が危惧されます。とにかく**利回りの高さだけで投資判断をしないでください。**

④ 業績が良くても低時価総額

長年割安に放置されてきた日本株には、企業として素晴らしい製品を提供していて業績もいいのになぜか買われていない優良株が多数存在します。ただし、時価総額の低い銘柄は注意してください。

大前提として、長期的に株価が上がっていくには何百億円、何千億円という資金を投じる大口投資家の参加が欠かせません。ただ、数億～５００億円といった低時価総額の銘柄ですと、そもそも大口資金が入らず、長年株価が上がらないままということになってしまいます。

会社の資産よりも時価総額の方が低い＝「ＰＢＲ１倍割れ銘柄」が東証の半数を占めていることもあり、２０２３年３月に東証がその是正に乗り出したくらい、時価総額の低さは問題視されています。

２０２２年に急騰した三ツ星ベルト（５１９２）は、決算で配当性向を１００％に引き上げるという大幅な増配で、それがサプライズとなり急騰しましたが、それまでは企業として業績が良くてもほとんど買われず、長年株価は停滞したままでした。

この時の三ツ星ベルトの時価総額は22年４月時点で６１４億円、中小型株の部類に入ります。

株の取引数を示す出来高は２０２２年の４月まで５年間で毎月70万株から１５０万株程度、月間の売買代金も15億円程度でした。

１日に換算すると７５００万円程度の売買代金ですので、個人で動かしてしまえるぐらい小さく、ほとんど参加者がいない状態です。こうなると株価はなかなか上がり

三ツ星ベルト（5192）／月足　2021/11/05～2023/02/16

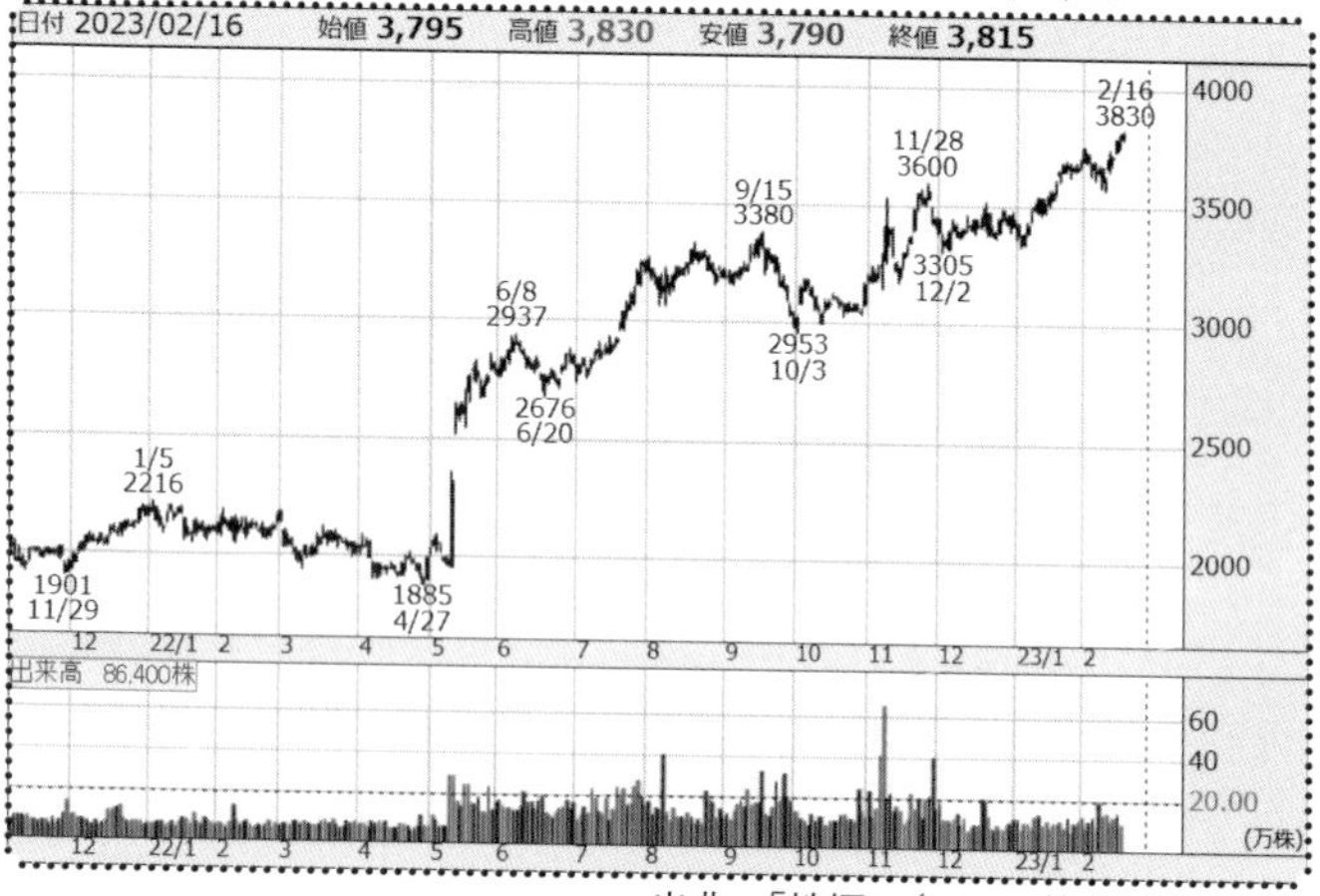

出典：「株探」（https://kabutan.jp/）

ません。

しかし、２０２２年5月の決算で、配当性向１００％という大幅な株主還元を発表し、その後出来高は最大で7倍、２０２３年9月の売買代金は２４５億円と以前の水準の10倍以上になっていますので、結果、株価対策に成功しました。

日本の時価総額が小さい高配当株の中には22年4月以前の三ツ星ベルトのように、**会社としてしっかり業績を上げていても、配当利回りが高くても、将来性の不透明さや利益率の低さなどで投資家か**

ら評価されず、時価総額が小さいまま全然上がらない銘柄も多数あるということを覚えておきましょう。

⑤ 業績好調が長続きしない

長期投資ではやはり安定して業績を残す企業に投資しなければなりません。

しかし、高配当株の中には一時的に業績が好調になっても続かないケースが多々あります。

代表的なのが近年の海運株。新型コロナウイルスの影響で港の港湾員とコンテナが不足し、運賃が跳ね上がったことによって業績が急上昇しました。代表的な日本郵船（９１０１）は、配当金が３年間で40倍になり、一時期は配当利回り15％を超えることもありました。

しかし、コンテナ船の混雑が解消され、運賃と市況が低下すると、以前のような配当を出すのは難しく、２０２４年3月期は前年の配当金の１／４である１３０円、利回りも３％程度に落ち着きました。

このように、**運賃や資源価格など外部環境によって業績が推移する銘柄を「市況株」と言いますが、ビジネスモデル上、どうしても好不調のアップダウンが激しく、配当もそれに連動します。**

そうなると、当初見込んでいた利回りを実現することができなかったり、安定しなかったりすることがあります。

また、企業によっては、創立〇〇周年や好業績などで通常の配当に上乗せする「記念配当」を出すこともあります。その場合、翌年は記念配当の上乗せがなくなり、減配となります。

近年だとＮＩＰＰＯＮ ＥＸＰＲＥＳＳホールディングス（日本通運）（９１４７）が22年12月期に記念配当を実施しましたが、翌年はその分が削減され、３００円に減

NIPPON EXPRESSホールディングス(9147)／業績

財務【実績】

	決算期	売上高	営業益	経常益	最終益	修正1株益	修正1株配	発表日
連	2020.03	2,080,352	59,224	57,434	17,409	185.1	155	20/04/28
連	2021.03	2,079,195	78,100	81,276	56,102	604.8	185	21/04/28
連変	2021.12	1,763,282	68,754	73,627	54,049	595.2	240	22/02/14
I	2022.12	2,618,659	155,510	160,168	108,318	1,202.3	400	23/02/14
I 予	2023.12	2,270,000	74,000	75,000	48,000	545.8	300	23/11/13
	前期比	−13.3	−52.4	−53.2	−55.7	−54.6		(%)

出典：「株探」（https://kabutan.jp/）

配しています。

記念配当自体は悪いことではありませんが、大幅な増配があった場合、それが一時的なものではないか確認しましょう。

投資の成功確率をグッと上げる2つの指標

ここまでページ数を割いて高配当株初心者が陥りがちな5つの罠について話してきました。逆に失敗を避け伸び続ける企業に投資するには、次に紹介する2つの視点を重視する必要があります。

① 利益率・キャッシュフローが改善している

高配当の源泉は利益です。効率よく稼げている企業はその分だけ配当金も続きやすくなります。

端的に言うと、「**稼げる企業に投資しましょう**」ということです。

稼ぎの基準で私が重視しているのが売上高営業利益率と営業キャッシュフローです。売上高営業利益率はその名の通り、売上のうち何%が利益になったかという指標です。一般的には10%以上あれば高いと言われ、20%を超えているとかなり高い利益率になります。

利益率が高ければ、企業がそれだけ付加価値の高い製品サービスを提供している証です。ですので、利益率が高いに越したことはないのですが、最初から高くなくても徐々に改善されつつある企業があれば要注目でしょう。

利益率が改善される背景には企業の製品サービスが評価されるようになったり、コストは変わっていないのに売上自体が大きく伸びていたり、何かしらプラスの変化が起きているはずです。

そうすると企業は人員の採用や事業投資にお金を回せるようになりますし、それが巡り巡って増配や自社株買いにもつながってきます。

先ほどは一時的な業績好調の事例としてあげた海運株の日本郵船ですが、2020年から23年にかけての営業利益率を見ると、2020年2・32%、2021年4・45%、2022年11・79%と急激に改善しています。この間に株価は9倍以上になりました。

また、もう1つ注目したい指標として営業キャッシュフローがあります。**キャッシュフローとは、手元に流れる現金のことをいいます。**

会社の売上・利益の多くが発生主義で記録されます。発生主義とは、取引が発生した時点で、収益や費用を計上する会計方法です。これは現金が実際に受け渡された時点ではなく、取引が発生した時点で会計記録を行うことになります。

つまり、記録上は売上が立っているだけで実際の入金タイミングは別です。フリーランスの方であれば、「今月の売上が記録上立っていたとしても、入金は翌々月」といったことがあると思います。そのため、帳簿上の取引ではなく、実際に手元に残る現金をキャッシュフローと言います。

キャッシュフローが潤沢で、継続的に積み上がるほど企業の財政は安定します。

そして本業で生み出したキャッシュフローのことを、営業キャッシュフローと言います。

営業キャッシュフローが高いと、それだけ本業で現金を稼げているということになります。キャッシュの余裕があるので、危機に強いのはもちろん、一時的に利益が変動しても配当金を出し続けられやすいのです。

保険会社や銀行は、顧客から大量の資産を預かっていますので、キャッシュフローが潤沢です。そのため、配当利回りが高く、減配というケースはなかなか見かけません。

営業利益率はあくまで帳簿上のものなので、事業活動の結果、手元に現金＝営業キャッシュフローをちゃんと残せているかどうかも確認するようにしてください。

ここで、改めて優良企業を探すのに欠かせないキャッシュフローについて解説していきます。

キャッシュフローとは、その名の通りキャッシュ（現金）の流れのことです。一定期間において、どのくらいの現金が流入し、流出したのか、つまり実際のお金の動きを示します。

キャッシュフローは大きく3つに分かれます。

●**営業キャッシュフロー**：こちらは本業の活動によるキャッシュフローの増減を指します。これは基本的にプラスであるべきです。**営業キャッシュフローがプラスであることは、本業が順調に運営されていることを示し、逆にマイナスの場合は本業で苦戦し、現金が不足していることを示します。**

●**投資キャッシュフロー**：こちらは、機械、不動産、車両などの固定資産や、株式や債券などの証券の取得や売却に伴う現金の増減を指します。通常、営業活動を行うためには、設備や固定資産への投資が必要です。

そのため、**成長している優良企業は投資キャッシュフローがマイナスになることが多いものです。逆にプラスの場合は、会社が持っている設備や証券を売却した金額が投資に使われた金額を上回っていることを示します。**

●財務キャッシュフロー：こちらは、現金の調達や返済における増減を示します。

たとえば、**借金を返済した場合、手元の現金が増えるため、財務キャッシュフローはプラスになります。逆に、株主に配当を支払ったり、株式を買い戻したりすると、現金が減少し、財務キャッシュフローはマイナスになります。**

財務キャッシュフローの増減については、企業の成長ステージによって解釈が異なります。成長企業は通常、投資キャッシュフローがマイナスで、財務キャッシュフローがプラスになる傾向にありますが、その理由についても調べる癖を持ちましょう。

② 配当性向が低い

配当性向は、企業が稼いだ利益のうち株主に配当として還元される割合を示す指標で、次のような式で計算されます。

配当性向（%）＝ 1株当たり配当金 ÷ 1株当たり利益 × 100

配当性向はできるだけ低い方が望ましいでしょう。配当性向が低い＝会社の外に出ていくお金が少ないことを意味しますので、以下のような利点があります。

- 企業は配当として現金を会社の外に出さず、収益を自社に再投資して企業価値を向上させることができる。
- 会社にお金がしっかり貯まっていれば、危機への備えにもなる。

$$\text{配当性向（\%）} = \frac{\text{1株当たり配当金}}{\text{1株当たり利益（EPS）}} \times 100$$

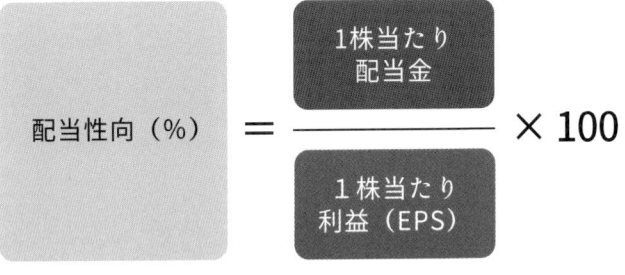

逆に、配当性向の高い企業は主に以下の特徴が挙げられます。

●**成熟産業（成長分野が限られている）**：成熟産業は市場の成長が鈍化しており、新たな成長分野が限られている業界を指します。このような産業では、企業は収益を株主に還元することを重視し配当性向が高くなる傾向があります。

●**株価維持**：　株価を維持することを優先し、株主に対して安定した配当を提供することで投資家の信頼を獲得しやすくなります。

株主の立場からすると良く見えるのかもしれませんが、逆に言えば利益を貯め込んでも活用する先がなく、配当金を出すしかないという見方もできます。

私たち個人投資家は限られた資金を有効活用して成長する企業へ投資しなければなりません。それならば、配当金を出すだけではなく他の事業活動にもしっかり資金を使う企業に投資した方が将来のリターンは大きくなります。

そのため、**できるだけ配当性向が低い企業の方が望ましいと考えます。成熟企業への投資も悪くありませんが、配当性向はどんなに高くても65%程度に抑えたいところです。**

第 3 章

10倍×高配当を根こそぎ炙(あぶ)り出すスクリーニング！

高配当10倍株投資の成功率を「グーン」と上げる重要な5つのポイント

重要な判断指標①　売上増加が続いている

企業業績を見る上で、最も私が重視しているのが売上高です。基本的に商品が売れていなければ売上は増えません。

そして、手元に残る利益の大きさはこの売上が左右します。いくら利益率が良かったとしても、売上金額自体が上がっていないと、利益額も上がらず投資家にも評価されにくくなります。

そのため、大前提として**投資しようとする企業の売上高が毎年増えているかを必ずチェックしてください。**売上が増えていれば、その企業のサービスや製品が世の中から支持されていて、企業自体が成長しているということです。

特に３年、５年と売上を伸ばしていれば、一過性のブームではなく、時代に順応し、そして顧客から支持されながら企業がビジネス活動していると言えます。

逆に、**売上が伸びないと、いくら配当利回りが良かったとしても、株価が上がらないどころか、むしろ下がり続けます。**

２０１５年に上場した日本郵政（６１７８）は、人口減少に伴う郵便物の減少など構造的な問題で毎年売上が減っています。２０１３年から２０２２年までの10年間で実に29％もの売上高減少を記録しました。

そうなると、高い利益を上げるのは難しく、何とかコスト削減などで黒字にすることはできたとしても、やはりジリ貧なのは想像に難くないと思います。

近年の日本郵政の株価は２０１５年から２０２０年までの間にマイナス64％も下落しています。２０２６年３月までは配当金を維持すると宣言しているものの、高配当である以上に、株価の下落で損をしてしまいますね。

日本郵政（6178）／売上高

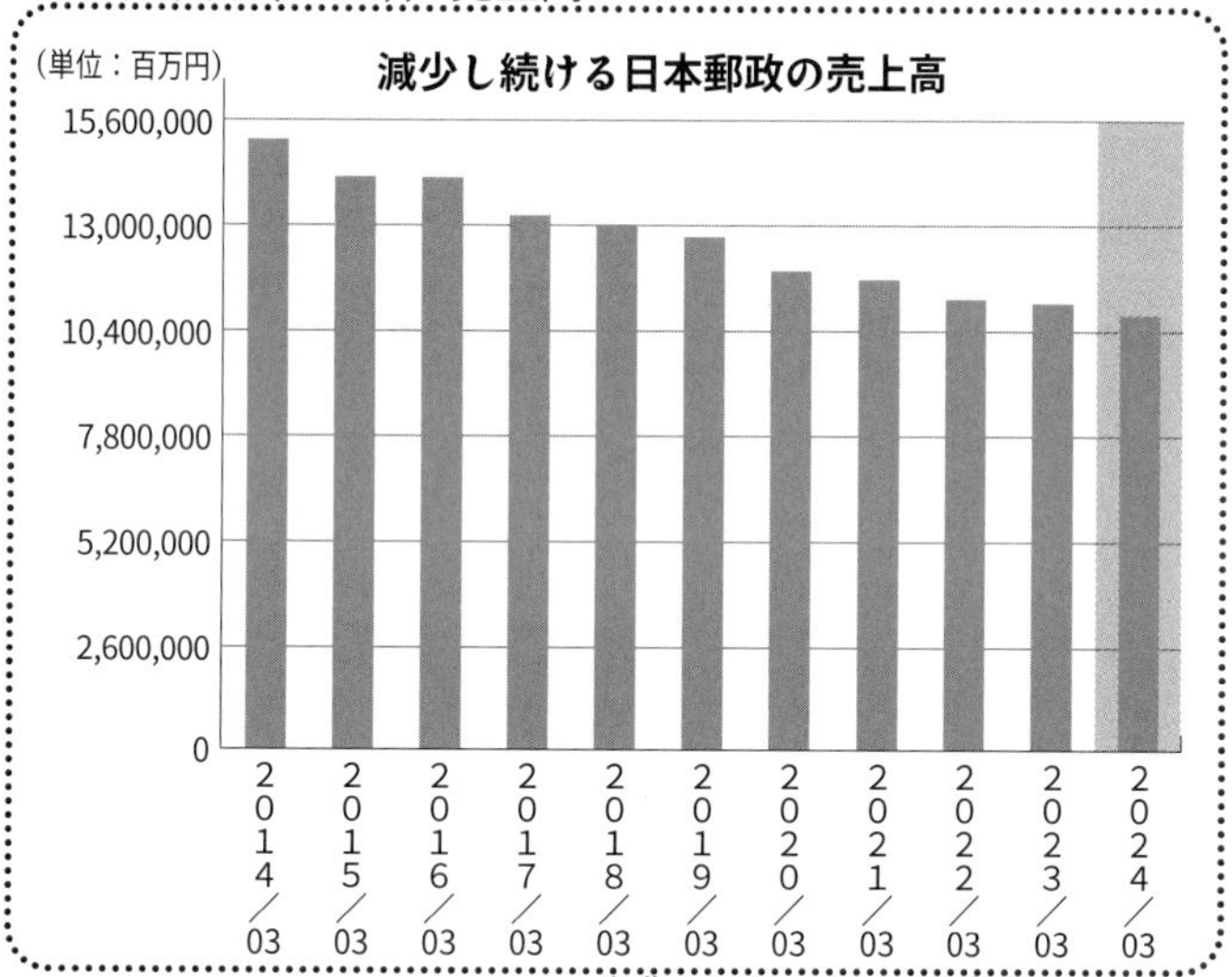

出典：マネックス証券銘柄スカウター

日本郵政（6178）／月足　2015/11/30～2024/01/17

出典：「株探」（https://kabutan.jp/）

どんな企業もやはり売上高は大事な指標です。仮に成熟企業であったとしても、前年比で売上微増は求めたいところです。

重要な判断指標②　長期チャートで下値が切り上がる

長期下落トレンドの株がなかなか反転しない一方で、上がり続ける銘柄はきれいな上昇トレンドを描きます。特に、途中でまとまった下落があっても、下値（直近の最安値）がだんだん切り上がっていれば、長期の安定上昇が期待できます。

私はテクニカル分析をそこまで重視しませんが、チャートを使わないわけではありません。チャートは過去の値動きの推移を示しており、その株が買われたという事実を表しています。

下値が切り上がるということは、業績が悪い時でも株が売られず、以前よりも高い値段で買われているということです。

そのため、**ポピュラーな日足だけでなく、私は投資判断をする際に週足や月足を確認し、少なくとも横ばい、できれば上昇トレンドに入りつつある銘柄を選ぶようにしています。**

日本を代表する株価指数である「日経平均株価」も２０１１年の安値８１３５円から、２０２４年２月22日に史上最高値を更新し、３万９３０９円に上昇しています。その途中には２０２０年の新型コロナショックや２０２２年のロシアのウクライナ侵攻に伴う暴落がありましたが、いずれもその数年前の安値は割っていません。

日本企業自体が海外に出て収益を年々上げているのと長年続く円安も合わさり、企業業績の好調さが株価上昇に反映されています。

売買ポイントについては、また本書の別の部分でお伝えしますが、仮に会社が赤字であっても株価が上がるなど、株価チャートは事実よりも先に動くことがよくあります。

そのため、**あなたが投資しようとしている企業の状況がまだ悪いと思っていても、株価が実際に上がり出すのであれば、乗るというのも1つの方法**です。

あなたも、もしかしたら、日々の短期的な株価の動きに翻弄され、売らなくてもよい株を売ってしまい、その後、大きく上がったのに取り逃してしまったという経験をしているかもしれません。

しかし、長期投資で大化けを狙っていくのであれば、日足のような短期的な指標ではなく、週足や月足を見ることによって、暴落があっても冷静に判断することができます。

重要な判断指標③　従業員数が右肩上がりで増えている

従業員数を増やし、積極的に採用している企業は有望です。

私自身も会社を経営していて思いますが、人を雇うというのは本当に重い行為です。給料や社会保険等のコストが発生するのはもちろん、その人の人生の一部を預かることになりますので、簡単にできることではありません。

ただ、**大きく成長する企業は従業員数が増え、積極的に採用活動しているところがほとんどです。**ビジネス自体にすでに勝ち筋が確立されており、後は人を増やして規模を上げていく、そういった段階にあるからです。

実際、この5年で大きく株価を伸ばした弁護士ドットコム（6027）、スノーピーク（7816）、トリドールホールディングス（3397）などは、事業拡大に伴い、従業員数が急増しています。

今挙げた例はいずれも、高配当株というよりは成長過程にあるグロース株の特徴ではありますが、高配当の大企業であっても、従業員数が増えていれば企業がまだまだ成長している証です。

大企業の場合、単純に採用人数を増やしただけでなく、Ｍ＆Ａで会社を吸収しその分の従業員数が増えたというケースもありますが、継続的に従業員数が少しずつ伸びていれば問題ないでしょう。

その上で、社員の年収が高かったり、転職サイトでの口コミが良かったり、高学歴で優秀な新卒社員が入っていたりするとなお望ましいです。ＡＩの台頭でホワイトカラーの仕事が無くなると言われている中、必ずしも人材採用は必要ではありません。本来なら、コストを増やさずに企業収益だけ上がる形が理想です。それでも高い年収を提示して人材を集めることができるのは、優秀な人材に選ばれ、ビジネスモデルが優れている証とも言えます。

特に私は、会社の強みや展望を大事にし、転職サイトでの口コミを見ています。そ

弁護士ドットコム（6027）／従業員数

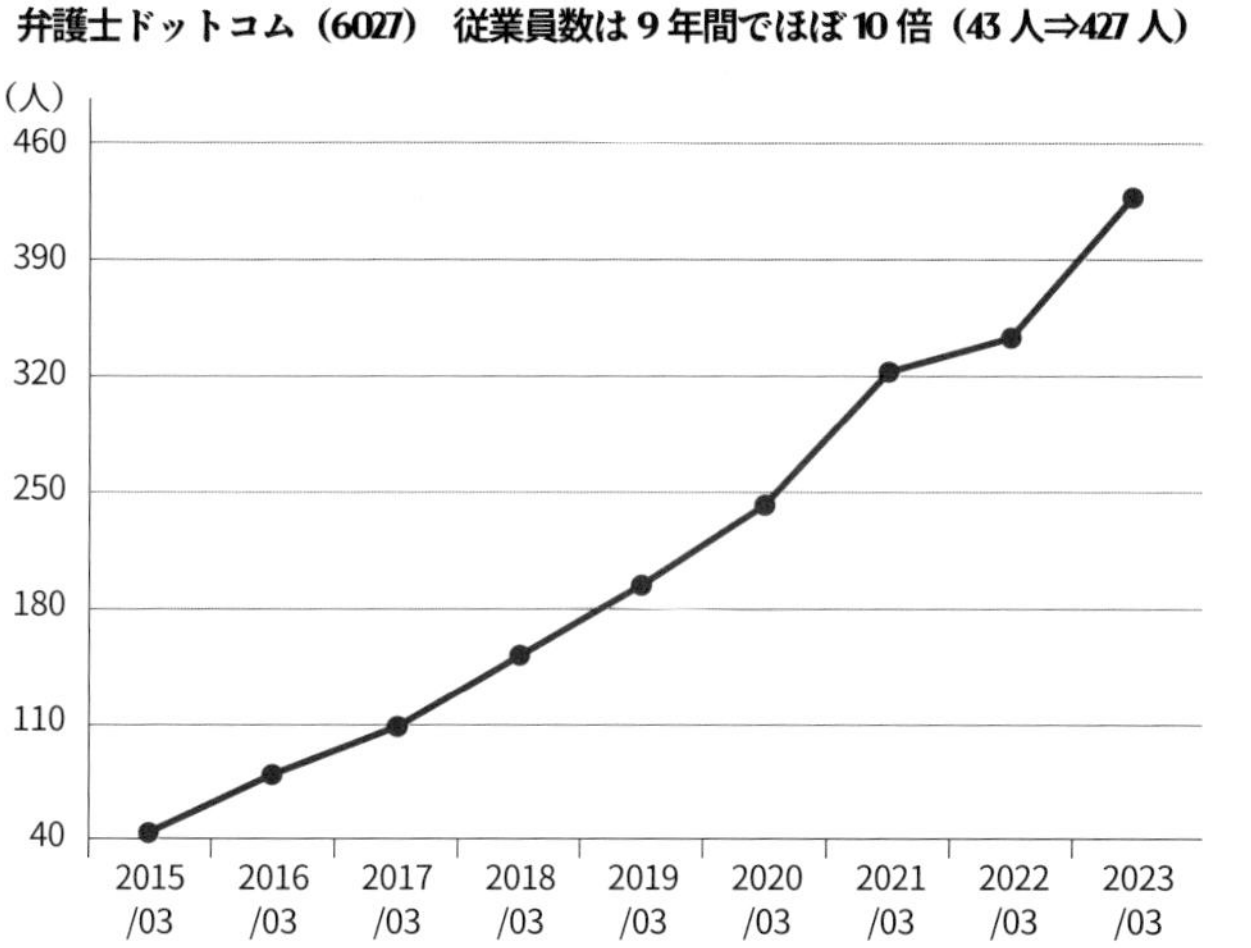

出典：マネックス証券銘柄スカウター

こでネガティブな論調ばかり目立つ会社は株価も上がっていません。

逆に、その会社を退職する人であってもその強みをはっきり言葉にしていたり、今後も伸びていくと思うような書き込みが見られれば、その時点で株価が下がっていても後々持ち直していたりもします。中の人から見ても優秀な会社はやはり強いです。

従業員数については、私がよく使っているマネックス証券の銘柄スカウターで、年ごとの推移を見ることができます。

弁護士ドットコム（6027）／1人当たり業績

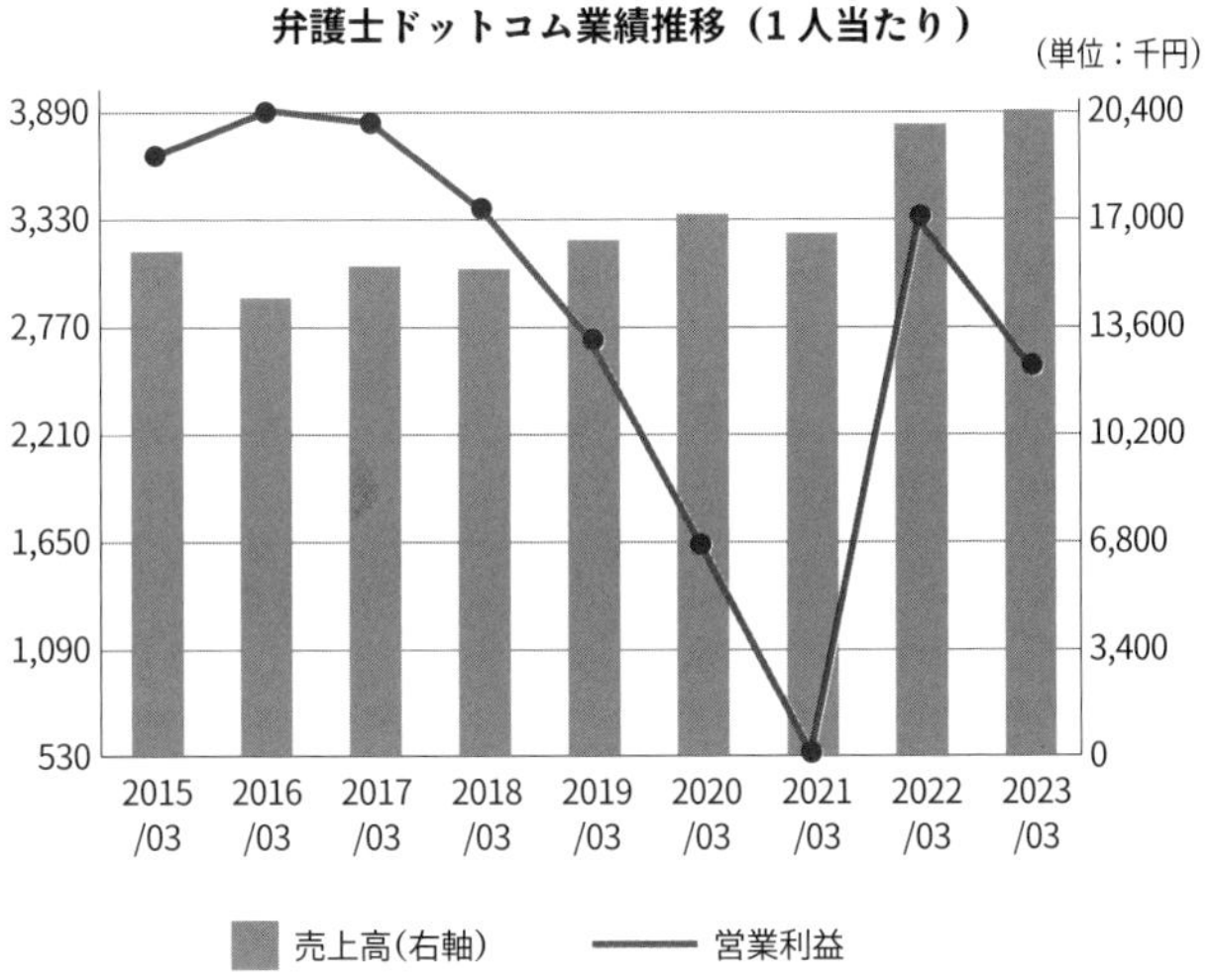

出典：マネックス証券銘柄スカウター

弁護士ドットコム（6027）／月足　2014/12/30～2024/01/17

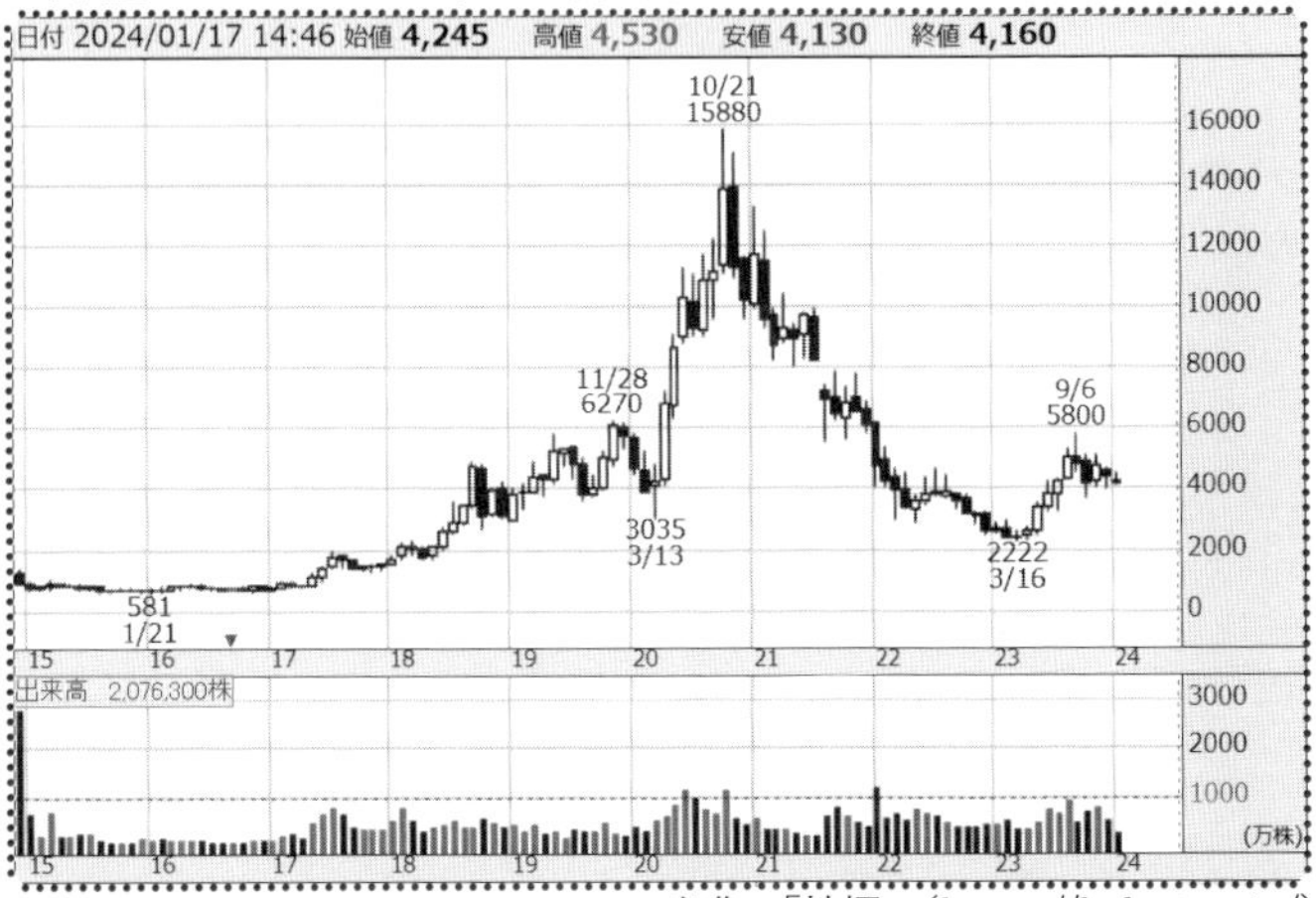

出典：「株探」（https://kabutan.jp/）

企業が事業活動に前向きである証拠ですので、必ずチェックしてください。

重要な判断指標④　設備投資が増えている

企業の設備投資額が年々増えているかも確認してみましょう。

設備投資とは、事業の拡大や効率化のために新しく工場を立てたり、機械を買ったり研究開発をしたりすることです。

たとえば、自動車メーカーが最新のロボットを導入して生産ラインを自動化する等、初期段階で多額の費用が掛かるものの、以降は収益が上がるきっかけになります。機械や建物のような設備投資以外にも、前項で述べた採用の強化も投資に含まれると言って良いでしょう。

企業の理想の成長パターンは、利益を得て、その利益をさらに事業に投資し、そして大きくなっていくことです。米国のアマゾンが赤字でも利益を全てプラットフォー

「PBR」ってこういうこと！

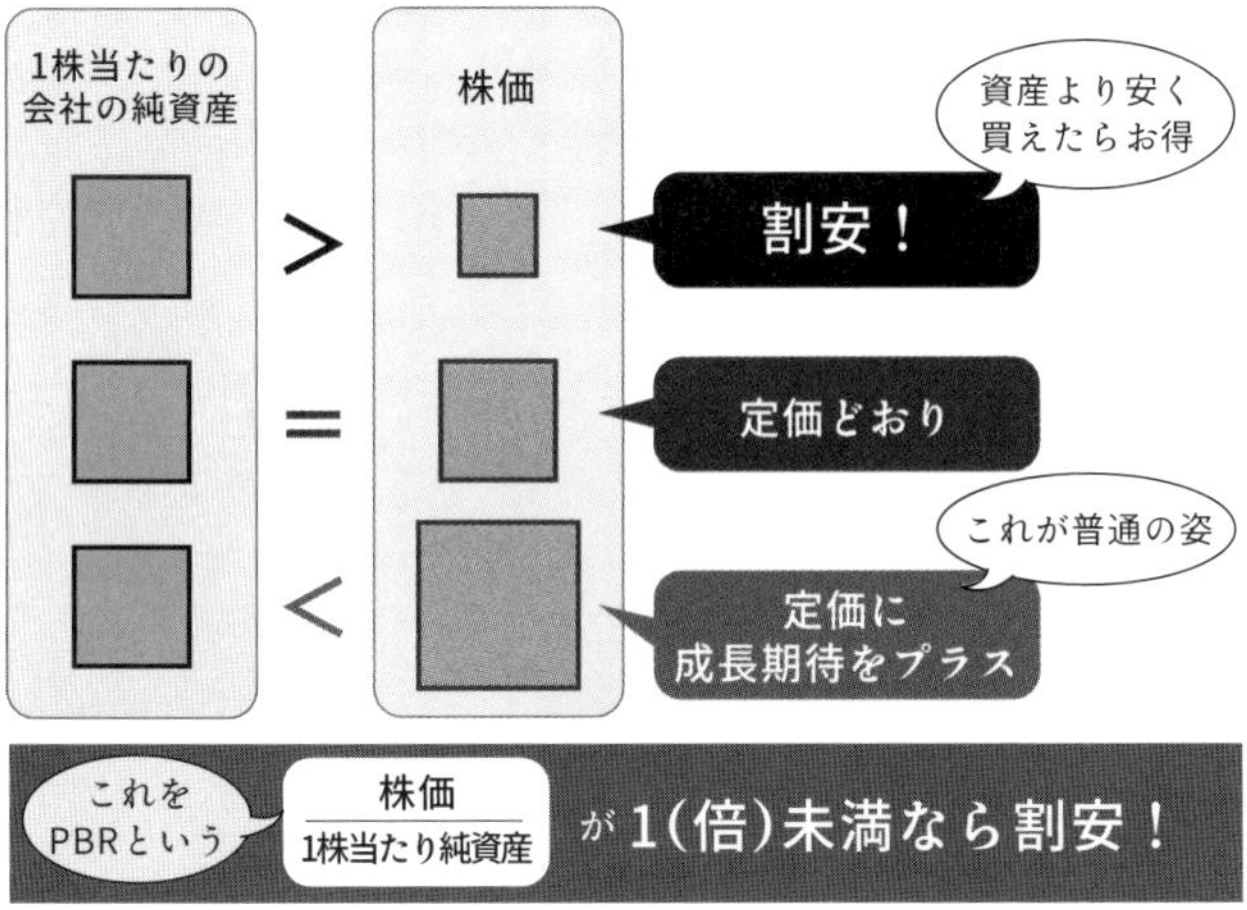

出典：ザイ・オンライン「PBR（株価純資産倍率）の意味や使い方を解説！」

ムの拡大に費やし今日ＥＣ市場を支配するまでになったのは有名な話です。

話が少しずれますが第２章で触れたように、２０２３年の３月に東証が企業に対し、貯め込んだ資本を有効に活用せよとの通達を出しました。

日本企業は伝統的に得た利益を貯め込む、つまり内部留保を増やす傾向にあります。

そのため、会社の時価総額が、会社が持っている純資産額よりも小さい「ＰＢＲ１倍割れ」銘柄が、東証プライムの半数以上を占めるなど、異常な状態となっていました。

投資家サイドからすれば、自分が出した資金に対し、企業が翌年にどのぐらい利益を上げてくれるかを重視します。それが配当等のリターンに直結しますし、売上・利益が上がれば株価上昇にもつながります。

そのため、**設備投資を積極的に行っている企業は、将来に対して前向きであり、かつ業績の向上が見込めます。**設備投資をすると一時的に利益が減ったりしますが、それでも投資の成果が後々の売上・利益額の増加に反映されますので、そういった兆候が見えていれば問題ありません。

注意したいのは、減価償却費と言って、大きな投資をした際にそれが長年にわたって分割してコストとして計上される場合です。**減価償却費の上昇は悪いことではありませんが、売上の上昇がちゃんと減価償却費等のコスト上昇を上回っているかどうかも見ていきましょう。**

設備投資に関しては、会社の決算書で見ることもできますが、マネックス証券の銘柄スカウターでも、棒グラフで分かりやすく、年度ごとに時系列で見ることができます。個人に置き換えてもそうですが、今ある手元のお金を将来のために、ただ貯めるのでなく有効に使えているかが肝要です。

重要な判断指標⑤　ＥＰＳが急騰している

ＥＰＳ（Earnings Per Share、１株当たり純利益）とは、企業の純利益を発行済み株式総数で割った値です。この数字が大きいほど、その企業は１株につき多くの利益を生み出していると言えます。投資家にとっては、利益が多い会社が魅力的に見えるため、ＥＰＳは重要な指標です。

株価というのは、理論上、このＥＰＳ（１株当たり純利益）に、投資家の期待値を表すＰＥＲ（株価収益率：企業に対する期待度）で構成されます。

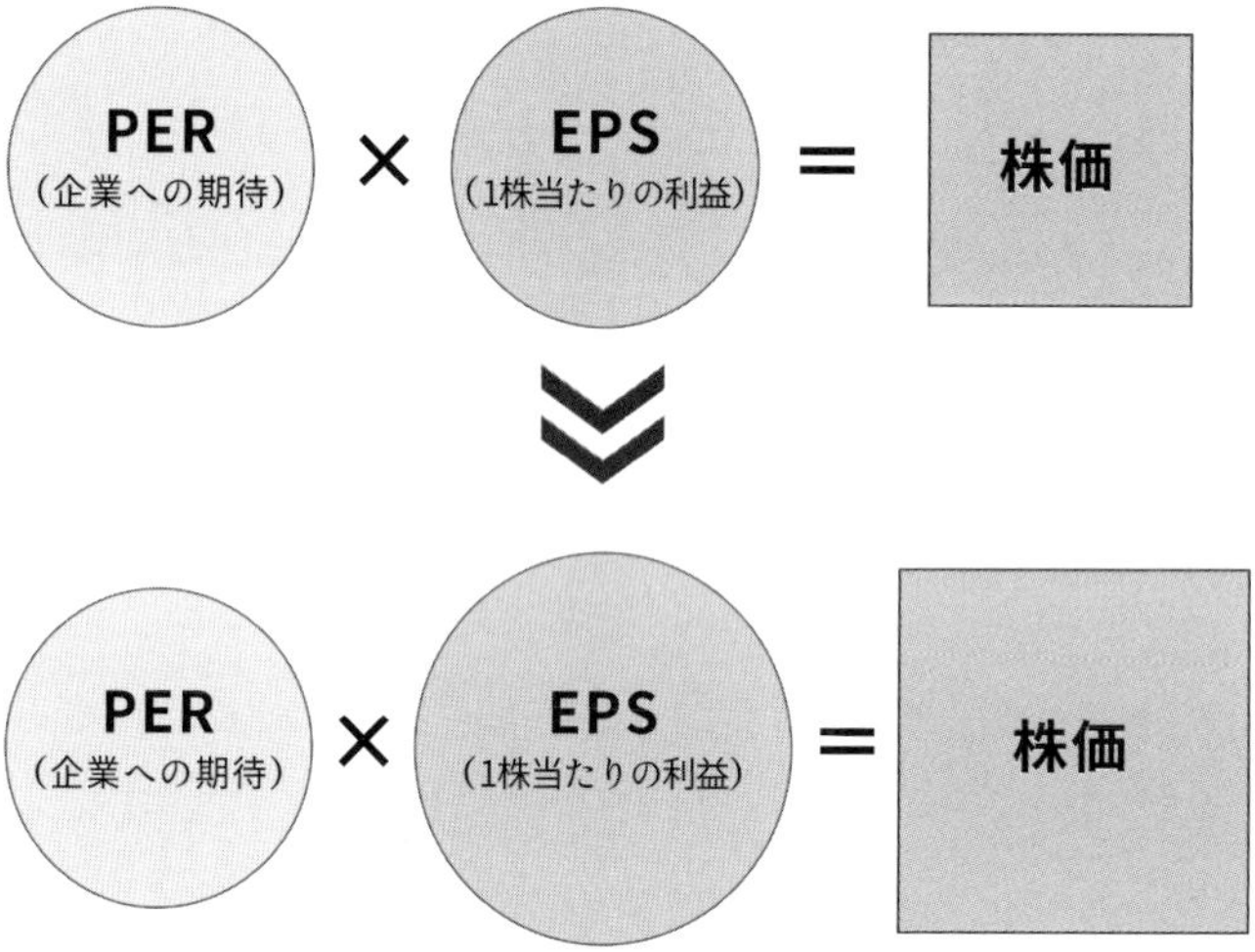

理論株価　=　EPS × PER

PERが変わらなければ、EPSが上がると株価の上昇に直結します。そして、長年成長する企業を見つけるには、EPSの前年比での成長率に注目してください。

これが前年比を上回るのはもちろん、成長率が加速していると望ましいです。四半期、1年間それぞれの業績でEPSが前年よりも上回っていると、企業が業績の成長フェーズに入っているのが分かります。

米国の代表的なセキュリティ企業であるクラウドストライクは、驚異的なスピードのＥＰＳ成長を記録しています。

一方で、２０２２年には成長率が鈍化し、数値が小さくなり、株価も大きく下落しました。まさに投資家の期待するラインにＥＰＳ成長が届かなかったからです。

ＥＰＳの成長が急騰につながるのは、高配当株も同じです。

たとえば、２０２０年からの３年間で株価が10倍以上になった半導体専門商社の東京エレクトロンデバイス（２７６０）を見ても、２０１６年のＥＰＳ30・９円から２０２３年には同２９４円とほぼ10倍に成長しています。

２０１９年に比べ配当も４・２倍に伸びています（19年３月期：31円→24年３月期（予）：１３１円）。この急上昇も電子機器・ＥＶ・ＡＩをはじめとした半導体需要の伸びが貢献しているので、業界の将来性を考慮し、これからＥＰＳ成長が加速するタイミングを狙えるとベストです。

東京エレクトロンデバイス(2760)／業績

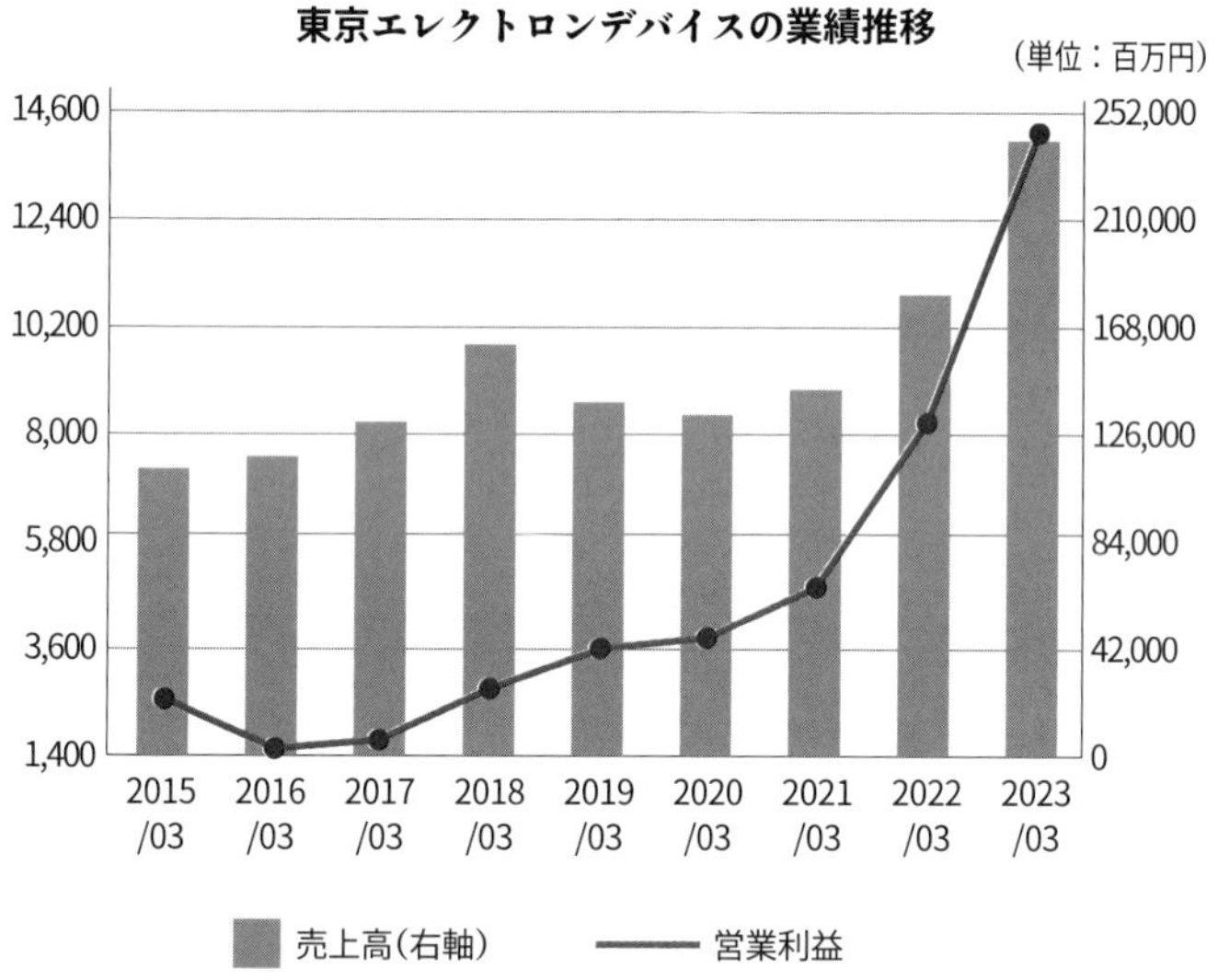

決算期	売上高	(前期比)	営業利益	(前期比)	経常利益	(前期比)	当期利益	(前期比)	EPS	BPS
2007/03	**99,743**	13.0%	**3,531**	13.9%	**3,245**	23.4%	**1,876**	22.1%	62.7円	668.6円
2008/03	**112,104**	12.4%	**3,678**	4.2%	**3,849**	18.6%	**2,193**	16.9%	73.3円	720.8円
2009/03	**94,701**	-15.5%	**1,840**	-50.0%	**2,041**	-47.0%	**617**	-71.9%	20.6円	713.7円
2010/03	**85,145**	-10.1%	**2,079**	13.0%	**2,117**	3.7%	**1,166**	89.0%	39.0円	730.8円
2011/03	**91,315**	7.2%	**2,745**	32.0%	**2,941**	38.9%	**1,918**	64.5%	64.1円	774.4円
2012/03	**86,300**	-5.5%	**2,011**	-26.7%	**2,332**	-20.7%	**960**	-49.9%	32.1円	779.8円
2013/03	**85,477**	-1.0%	**1,790**	-11.0%	**1,292**	-44.6%	**658**	-31.5%	22.0円	785.3円
2014/03	**101,801**	19.1%	**1,490**	-16.8%	**1,039**	-19.6%	**388**	-41.0%	13.0円	795.5円
2015/03	**111,664**	9.7%	**2,594**	74.1%	**1,358**	30.7%	**717**	84.8%	24.0円	759.7円
2016/03	**117,831**	5.5%	**1,490**	-42.6%	**1,628**	19.9%	**925**	29.0%	30.9円	739.5円
2017/03	**131,855**	11.9%	**1,665**	11.7%	**1,377**	-15.4%	**972**	5.1%	32.5円	764.6円
2018/03	**159,841**	21.2%	**2,755**	65.5%	**2,637**	91.5%	**1,598**	64.4%	53.4円	795.0円
2019/03	**141,000**	-11.8%	**3,525**	27.9%	**3,077**	16.7%	**2,341**	46.5%	78.2円	860.7円
2020/03	**135,394**	-4.0%	**3,810**	8.1%	**3,573**	16.1%	**2,288**	-2.3%	76.5円	883.1円
2021/03	**143,268**	5.8%	**4,620**	21.3%	**4,625**	29.4%	**3,143**	37.4%	105.0円	966.1円
2022/03	**179,907**	25.6%	**8,131**	76.0%	**7,318**	58.2%	**5,085**	61.8%	169.9円	1,032.4円
2023/03	**240,350**	33.6%	**14,227**	75.0%	**12,478**	70.5%	**8,778**	72.6%	293.3円	1,262.4円
2024/03予	**250,000**	4.0%	**－**	－%	**13,500**	8.2%	**9,770**	11.3%	326.4円	－円

※前期比・指数は各項目を12ヶ月換算した値を表示
※「S」：米国会計基準、「I」：国際会計基準(IFRS)、未記載：日本会計基準
※「変」は変則決算

出典：マネックス証券銘柄スカウター

ポイントは2つだけ 成長が持続しない銘柄の見極め方

続いて、成長が持続しないケースの話です。順調に株価が成長した後は、その「持続性」についても考える必要があります。

ここに考えが及んでいないと、一時的には大きな含み益を実現できても、**持続性のない成長はその後の株価の長期低迷となって反映され、資産形成を妨げます。**

持続性を考える上での要素をいくつか紹介します。

①景気変動でアップダウン

特に日本の高配当株には自動車、半導体、機械、建設、石油、化学など、景気に敏感な業種の株が多いです。景気敏感株は、好景気の時には大きく儲かり、株価も上昇

ヤマハ発動機（7272）／月足　2014/02/28～2024/01/17

出典：「株探」（https://kabutan.jp/）

しますが、逆に不景気になると赤字になり、株価が暴落する傾向にあります。

この要因は国内外の景気変動によって製品の販売台数や在庫が変動するからです。例として、ヤマハ発動機（７２７２）を挙げてみましょう。

ヤマハ発動機は日本を代表する二輪車の大手メーカーで、代表的なバイク以外にも船外機や水上スポーツ機にも強いです。海外売上が高く、世界経済の成長をしっかりと取り込んでいます。

配当金は２０１３年の26円から２０２３年12月には１４５円と５・５倍に増加し、株価も２０１２年の７月から２０２３年の８月までの11年間で６・８倍に成長しました。

まさに大きな値上がりを達成した高配当株の好例ですが、そのチャートを見てみると、結果的に上昇していますが、途中大きなアップダウンを繰り返していることが分かります。

２０１２年から２０１５年にかけてはアベノミクスによる円安効果があり、２０１５年から２０１６年にかけては中国経済の減速などが影響して株価は60％以上下落しました。

２０２０年の新型コロナで株価が３分の１以下に暴落した後は金融緩和や円安の影響で株価が回復し、２０２３年の８月には底値から３・８倍の高値をつけました。

このように、**景気変動に弱く成長に持続性のない銘柄を高値で購入すると、優良企**

業といえども、大きな含み損を抱える可能性があります。大きな含み損は資産を増やすスピードを妨げますし、安く買えた方が配当利回りも当然良くなります。

②商品の優位性がない・消滅する

商品の優位性がない場合も、注意が必要です。

たとえば、30年以上連続で増配している花王（４４５２）を考えてみましょう。花王は日本を代表する日用品メーカーで、景気変動には強い企業です。

しかし、競合他社と比べて商品の差別化ができずに売上が伸び悩み、原材料・広告費の増加による利益の減少で、２０２０年から２０２２年にかけて株価はほぼ半分にまで下落しました。

株価が大きく下落すると、高い配当利回りでも損失が膨らむことになります。トイレタリー業界は花王でなくても、ライオン、ユニ・チャーム、海外だとＰ＆Ｇにユニ

ファイザー（PFE）／月足　2007/08/31～2024/01/17

出典：「株探」（https://kabutan.jp/）

リーバなど、強力なライバルが存在します。

それらの会社の製品と比べて一歩抜きん出るのは容易ではありませんし、商品の優位性がないと業績も株価も伸び悩みます。

米国株のファイザー（ＰＦＥ）も２００９年の底値から12年間で株価は５・５倍に上昇し、近年は配当利回りも４～６％をつけるといった高配当ディフェンシブ株です。

特に、新型コロナのワクチンを早くから開発し、２０２２年には２０１９年比で1・9倍以上の売上成長を記録しました。

しかし、コロナワクチンに伴う成長は永続的ではありません。ワクチンが広く普及し、集団免疫が達成されると、ワクチンの需要は減少します。

その結果、ファイザーの株価は2021年の高値から下落を続け、わずか2年間で株価は61・71ドルから25・76ドルまで58%も暴落しました。

このように、**一時的に強い商品があっても、競争力が低下したり市場状況が変化したりすると、株価は逆転下落する**のです。

以上のように企業が好調であったとしても、その持続性には常に懐疑的になって情報収集する必要があります。いつの時代も株価が好調な時ほど、悪い材料には目が向かなくなりがちですので、注意しましょう。

「得意分野」で戦うべし！スクリーニングの前に知っておきたいこと

戦いやすい土俵で勝負することが重要

自分にピッタリな有望株を見つけるのに**一番大切にしてほしいのは「自分が良く知っていて納得できる分野」の企業を選ぶこと**です。

私の経験上、投資で大きく資産を築く方は「得意分野」を必ず持っています。仕事で業界の事情を熟知していたり、身の回りの趣味から見つけたり、よく知っている業界の銘柄の方が成功しやすいものです。

たとえば過去、私が関わってきた生徒さんを見ても、飲食チェーンで店長をやりながらセルフオーダーシステムを提供するジャストプランニング（4287）の株に早くから目を付けて大相場に乗り、資金３００万円から「億り人」になった方がいます。
現場で人手不足の問題に直面して、実際のサービスを試したからこそ、世の中に評価されるより早くその企業の優秀さに気づけたわけです。

また、受講生ではありませんが、大手ゲーム会社に勤務しながらゲーム業界の株で数十億円規模の資産を築いた投資家も知っています。話を聞いてみると、その方は大手から中小まで各社の主力タイトルはもちろん、その課金形態やシーズナリティを熟知していました。
さらに衝撃だったのは、それによって株価が上下するシナリオまで作っていたことです。実際、その方の見立て通り株価はぴったりと動いていました。

ゲーム業界の株は上下動が激しいため買った当初は含み損になることもあるのですが、その会社の株に対する確信度が段違いなため、堂々とホールドしその後の反転上昇で大きく利益を出しています。

その選球眼で、かつて株価１００倍にもなったガンホー（３７６５）の大相場にも乗っていました。

ただし私が聞いている範囲ではありますが、その方もゲーム以外の分野の株になると勝ったり負けたりの繰り返しのようです。億単位の資産を築く方でも、自分のフィールドから外れると必ずしも同じように上手くはいかないのです。

ここから株価10倍も狙えるような成長高配当株をスクリーニングする具体的ステップを解説していきますが、それだけだと候補銘柄数が多くなると思います。

最終的に数字でふるいにかけられた銘柄から、会社の事業内容を見て投資先を絞り込まなければなりません。

その際に、**あなた自身ができるだけ「腑に落ちる」得意分野を大事にしてください。**

あなた自身が腑に落ちる業界を選ぶことができれば、

- **企業が出す製品サービスの良さを肌感で理解できる**
- **競合他社の力関係を把握しており有力企業を選びやすい**
- **目先の利益だけでなく応援投資ができる**
- **自信があるので長くホールドできる**

といった他の投資家にはない強みができますので結果につながりやすいです。

そのため、これからスクリーニング手順を紹介しますが自分の中での納得感も大事にしてください。

爆益必至の高配当10倍株を絞り込むスクリーニング４STEP

マネックス証券の銘柄スカウター「10年スクリーニング」に数字を入れ込みながら、スクリーニングしていきます。

☆STEP１　時価総額500億円以上

時価総額は、会社が株式市場でどれくらいの「価値」を持っているかを示す数字です。

時価総額は会社の１株あたりの価格（株価）に、その会社が発行している株の総数を掛けます。

たとえば、１株が１０００円で、会社が１００万株を発行している場合、時価総額は１０００円×１００万株で10億円になります。

大きな時価総額を持つ会社は、いわば「超人気者」で、たくさんの人に支持され会社としても大きくて安定しています。逆に時価総額が小さい会社は、まだ人気が出ておらず小規模な会社です。

時価総額　＝　株価　×　発行済株式数

私は、**時価総額が500億円以上の株への投資を推奨していますが、その主な理由は、市場での信頼度が高いため**です。

時価総額が100億円、または10億円以下などの小型株の場合、大口資金の流入がほぼありません。数百億、数千億円単位で運用する機関投資家は、株式市場を動かす主要なプレイヤーです。彼らが株を購入すれば、株価は上昇しますが、逆に売却されると株価は下がります。

時価総額が小すぎる株は、参加者が少なく、売買代金が小さいのが一般的です。つまり、１日に取引される金額が数千万円、いえ数百万円程度ということも珍しくありません。

これでは、特定の投資家が大きな資金を投入しただけで株価が極端に乱高下してしまいます。そのため、時価総額が小さすぎる株は大口投資家が買いにくく、長期的な成長が見込めません。

もちろん、時価総額が数千億円、または１兆円を超える企業を購入することが常に最良の選択とは限りません。大きな時価総額で株価は安定するかもしれませんが、成長のポテンシャルは限られている可能性があります。

そのため、**「長期で上昇する」高配当株に焦点を当てる場合、適度な大きさの企業を選択することが重要です。この基準として、時価総額が500億円以上の企業を目安にするのが良いでしょう。**

500億円の時価総額を持つ企業は、大型ではないものの、市場から一定の評価を

時価総額10倍を達成するには…

	時価総額(現在)		時価総額(10倍)	差額
A社	500億円	»	5000億円	＋4500億円
B社	5000億円	»	5兆円	＋4兆5000億円

元の時価総額が
大きいほど、
株価10倍への
ハードルは高い！

得ています。

さらに、500億円から1000億円への成長は、株価が2倍、5000億円まで上がれば10倍になることを意味します。

これは、すでに時価総額が高い企業が同じペースで成長するよりも、達成が容易です。もともと時価総額5000億円の企業が10倍になろうと思ったら、4兆5000億円の上積みが必要で、かなりハードルが高いと言えるでしょう。

☆STEP２　自己資本比率40％以上

自己資本比率は企業の財務の安定性を示す指標です。企業が持つ資産のうちどれだけが自己資本によって賄われているかをパーセンテージで表します。

自己資本比率（％）＝自己資本÷総資本×100

自己資本とは、株主資本、資本剰余金、利益剰余金などを指し、**つまるところ「自由に使える自己資金」を指します。**総資本には流動資産や固定資産のほか、銀行からの負債など借金も含め企業の持つ全ての資産が含まれます。

自己資本比率が高い企業は、外部からの借り入れ依存度が低いため、財務的に安定していると言われます。これは、経営上の不測の事態が発生した際にも、自己資本によるバッファがあるため、会社が財務的に傾きにくいことを意味します。

逆に、自己資本比率が低い企業は、多くの借り入れに依存しており、利息負担や返済のリスクが高まることがあります。

ただし、前章でも述べましたが、借り入れがあること自体は決して悪くありません。

たとえば、米国のアップルの有利子負債が自己資本の約2倍あるように、事業で利益が出ることがすでに分かっているのであれば、競合他社よりマーケットシェアを取るために、外部からお金を借りてでも大規模に事業を発展させた方がいいでしょう。

逆に、**自己資本比率が高くてもお金を貯め込むばかりで成長しない企業の株は評価されません。借り入れがあるということは、それだけ事業に勝ち筋がある証になり、投資家にとってはリターン額を増やしてくれる要因になる**のです。

もちろん、業績が苦しくて借り入れをしている場合もあるので見極めは必要です。

そのため、**自己資本比率がまずは40%以上あると望ましいでしょう。**

業界によって自己資本比率の水準は変わります。40%という数字を基準にはしつつ、「業界内での平均ラインと比べてどうか？」という点も忘れないでください。

☆STEP３　売上高・営業利益の成長率３〜５％

ここまで何度も述べているように、配当も株価も成長し続ける企業の根幹は、売上と利益の成長です。

売上は、企業の製品やサービスがどれだけ購入されているかを示す指標であり、営業利益は売上のうちどのくらいが利益として残されているかを表します。大前提として、業績が伸びなければ長期的に株価が上昇することはありません。

ただし、売上と利益の「急成長」が必ずしも良いとは限りません。一時的なヒット商品が出て売上が前年から2倍、3倍に跳ね上がったとしても、その先何年分もの成長を前借りしてしまいブームが去ると株価は一気に下落することもあります。

たとえば、２０１７年に急騰したペッパーフードサービス（３０５３）や、高機能アパレルを開発したワークマン（７５６４）などがそれに当たります。素晴らしい製品を開発して売上を伸ばしても、成長が急すぎると株価が先行してしまい、後に大幅に下落してしまいます。

そのため、**成長のペースがゆっくりでも大丈夫**です。また、ビジネスですからどうしても前年比で業績マイナスになる年もあります。

このような状況を踏まえて、私は銘柄スカウターを利用し、**単年ではなく、5年間、10年間の売上高の平均成長率・営業利益の平均成長率を基準にして投資する銘柄を選定するようにしています。平均して3%以上の成長があれば良いと考えています。**

経営はよくマラソンにたとえられますが、長期間にわたり継続して数字を出し続けることが重要です。

STEP 4　配当性向が30%未満

配当によるインカムゲインだけでなく株価の値上がりによるキャピタルゲインも重視する高配当株戦略では、低い配当性向が望ましいです。

配当性向は、企業の最終利益のうちどれだけを配当金に回しているかを示す指標で、配当性向の計算式は以下の通りです。

配当性向（%）＝１株当たり配当金÷１株当たり利益×100

一般的に、**配当性向が高いと株主還元に積極的であるとされますが、配当は会社の利益から出ていくお金**です。したがって、残った利益の多くを次の事業投資に充てて会社を成長させる方が望ましいと言えます。これにより最終的な株主の利益が大きくなり、株価上昇につながります。

私が成長期待で高配当株を選ぶ際、配当性向は厳しく設定します。**日本企業の平均が約30%ですので、それを下回り、かつ継続している企業が望ましい**です。インカム

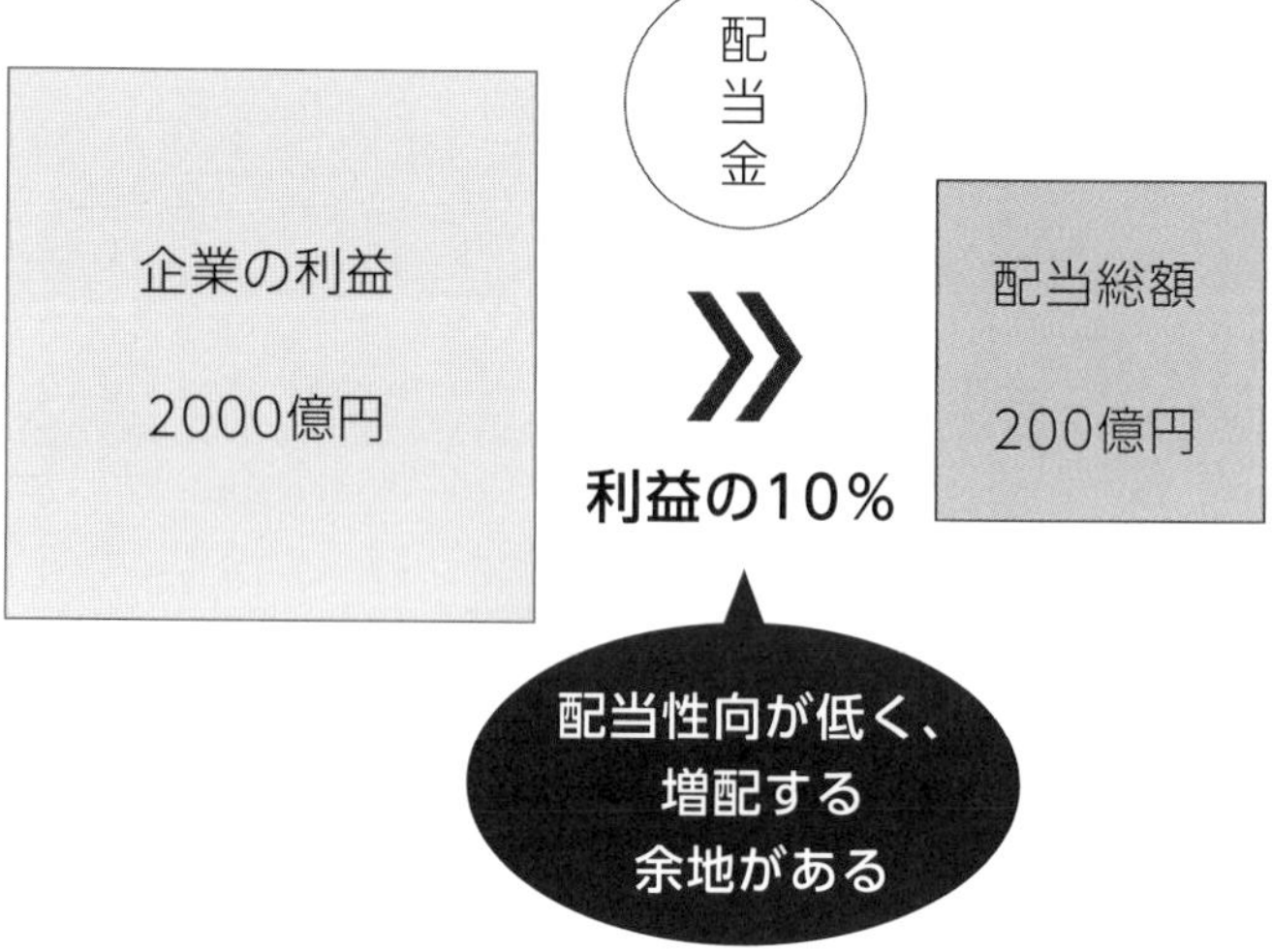

重視なら配当性向が高くてもさほど問題にならないので、投資で何を優先するかで基準が変わります。

また**低い配当性向は、逆に増配する余地が高いことを意味します。**

たとえば、1年で株価が3・5倍になった神戸製鋼所（5406）は、2021年3月期には配当性向が16%でした。

しかし、2024年3月期では予想で配当性向30%になっています（1株利益303円に対して配当90円）。

配当金額自体も10円→90円と9倍にな

り株価が急騰しましたが、もともとの配当性向が16％だったので、ここまで引き上げることでやっと平均的な配当性向水準（30％）になったのです。

配当性向は、現段階で低い方が後々の株価に追い風になりやすいです。ただし、注意点としては、**配当性向は四半期ごとに見ると一時的に悪化していることもありますので、年間の業績で判断することが重要**です。

STEP α　PERが過去と比べて高すぎない

どんなに好調な会社であっても、株価自体がすでに割高ですと上昇余地は限られます。そこで、株価の割高と割安を判断するのに使うのがPER（Price Earnings Ratio）です。

PERは、企業の株価をその企業の1株当たり利益（EPS：Earnings Per Share）で割った数値です。

ＰＥＲが低いほど、株価は利益に比べて割安であると考えられ、逆に高い場合は株価が利益に比べて割高であると解釈されます。**企業の現在の株価がその企業の利益能力を適切に反映しているかどうかを評価することができます。**

理論的にはＰＥＲが低い株式の方が市場において過小評価されている可能性が高く、将来的に株価が上昇する余地があると見られます。

また、同業種内でのＰＥＲの比較により、特定の産業内でどの企業が他社に比べて割安であるかを判断するのにも役立ちます。

さらに、私はその銘柄の過去のＰＥＲを比較して、現在の株価が割高／割安かを判断します。

たとえば、国内の化粧品メーカーのＰＥＲが50倍を超えていたり、米国のグロース株がＰＥＲ１００倍に達することもありますが、そんなに高騰していても平気でその後株価が上昇する場合があります。その理由は、分母となるＥＰＳが成長しており、現在のＰＥＲが将来的に見れば割安だと判定されるからです。

そのため、適切に割安／割高の判断をするには、その銘柄の過去の数値を比較するしかありません。

マネックス証券の銘柄スカウターでは、過去2年や5年のＰＥＲを確認することができます。現在投資しようとしている銘柄のＰＥＲが過去と比較して高いか低いかを見るのです。

ＰＥＲは必ずしも低くないといけないわけではありません。過度に高くなければ問題ないということです。

逆に、**ＰＥＲが低すぎる銘柄は、何らかの問題を抱えていることが多い**です。多くの場合、ＰＥＲが急低下＝株価が下落しているからであり、その背景には業績に何らかの変調があったり、投資家に懸念される理由が存在したりします。

この状況は、一見割安でお得に見えても、実際にはさらに株価が下がる「バリュートラップ」という状態を意味します。安いものには注意が必要です。

また、ＰＥＲは分母となるＥＰＳによっても変動します。そのため、利益額が一定、もしくは上昇する見込みがある銘柄を前提に、過去のＰＥＲを考慮するようにしましょう。

以上がスクリーニングの外せない流れですが、これらはあくまで基本的な４項目であり、本来はそれ以外にもさまざまな要素を考慮する必要があります。

連続増配の年数やＰＢＲ（株価純資産倍率）、有利子負債の状況、海外売上高比率など、多岐にわたる要因を見極めることが重要です。いずれも銘柄スカウターの10年スクリーニングで絞り込みができます。

１つの指標に依存するのではなく、**総合的な視点から分析を行うことが成功の鍵**となります。何よりこの章の冒頭で申し上げた「あなた自身の納得感」が見いだせる業界の株から絞ってみてください。

銘柄スカウターを使ったスクリーニング

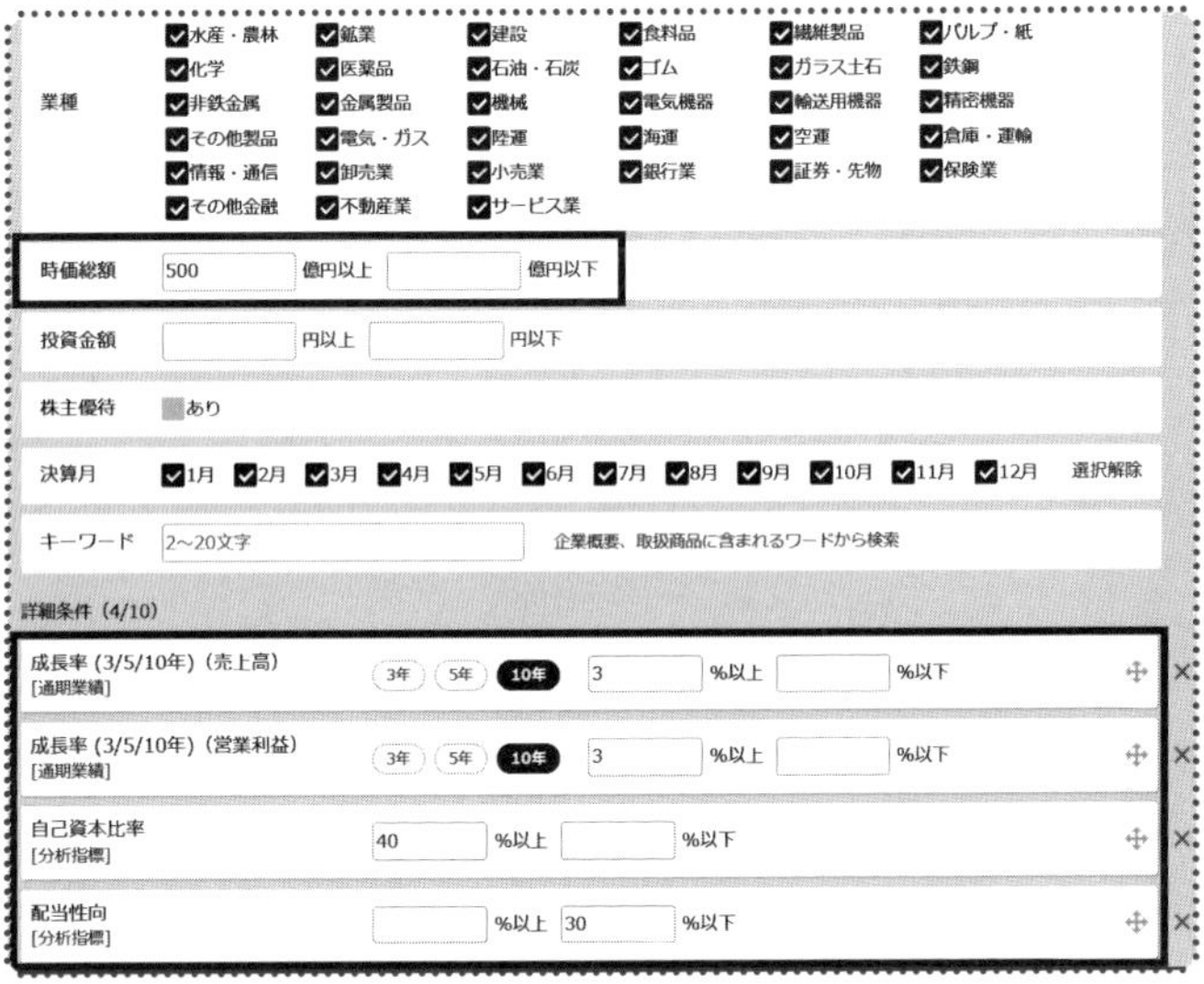

出典：マネックス証券銘柄スカウター

スクリーニング４ＳＴＥＰ

★ **STEP 1**　時価総額 500 億円以上

★ **STEP 2**　自己資本比率 40％以上

★ **STEP 3**　売上高・営業利益成長率 3 ～ 5％

★ **STEP 4**　配当性向が 30％未満

◎ **STEP α**　PER が過去と比べて高すぎない

ウォッチリストの作成方法

保有銘柄の数を限定し、業績や株価をチェックする

株式投資で小資金から目覚ましい成果を上げる投資家は、保有銘柄の数を限定しており、実際に購入するのは多くても4、5銘柄に絞っています。4、5銘柄を超えると、そもそも管理が困難になりますし、何か問題が発生した時に気づきにくくなります。決算の分析も大変です。

普段は放置しておいても構いませんが、その銘柄や関連する業界の動向をチェックする必要があります。人間の時間は有限ですから、**本当に価値のある銘柄をしっかりと絞り込んで育てることが重要**です。

ただし、ウォッチリスト（監視銘柄）の数は膨大です。イメージとしては、100

個以上は銘柄を監視し、その中から厳選して投資していきます。

ウォッチリストの作成方法はいくつかあります。

まず**1つ目が業種で分ける方法**です。自動車、半導体、商社、不動産、保険、金融、建設、電力など、業種ごとに銘柄を分けながら比較する方法です。

たとえば、金利が上がると上昇する銀行株や、その逆の動きをする不動産株など、ポートフォリオ内で相反する動きをする銘柄を見つける時に、この分け方が有効です。

2つ目が国別で分ける方法です。日本株、米国株、インド株など、通貨や経済圏を分散することでリスク分散にもなりますし、米国やインドには成長が期待できる銘柄が多数存在します。なお現在インド個別株については、日本からの直接投資が難しいため、ETFや米国の投資信託を利用することになります。

また、ETFだけでポートフォリオをまとめるという方法もオススメです。さまざまなテーマやセクターごとにまとめられたＥＴＦをウォッチリストに入れ、チャンスが来たら検討するという方法も良いでしょう。

いずれにせよ、膨大な数の銘柄を広く見てから、その中で絞り込んで納得のいく銘柄に投資することが大切です。

人によっては、30、50、あるいは１００もの銘柄を持つ人もいますが、目が行き届かないと管理が難しくなり、１銘柄当たりの投資割合が小さいと、たとえ急騰しても全体の資金はほとんど増えません。

値上がり益を狙わない安定的な投資を目指すのであれば多くの銘柄を持つことも一考ですが、本書のテーマのように10倍になるような成長株を狙うのであれば、銘柄数は絞ってリスクを取っていきましょう。

第 4 章

伸びしろしかない会社はコレがある！「爆益」&「爆配」予備軍の賢い見つけ方

その銘柄は、本当に時代の流れをつかんでいるか？

時代の追い風に乗って急成長する企業

　個別銘柄の優秀さだけではなく、「そのビジネスが時代に求められているかどうか？」「追い風の状況にあるか？」――これも見過ごせないです。どんなチャートやファンダメンタルズ指標よりも重要かもしれません。**実際、私も個別の情報ではなく時代背景から人々に求められるものは何かを考え、その後に具体的な個別銘柄にたどり着くことが多い**です。

　分かりやすい例ですと、電気自動車（ＥＶ）のナンバーワンメーカーとして成長する米国のテスラ。脱炭素化の流れからＥＶ市場の規模は加速し続け、先進国を中心に拡大しています。ある説によれば、２０３０年までにＥＶ市場は年率13・7％で成長し、９５００億ドル以上の規模になると言われています。

このように、製品が優秀であることはもちろんですが、**時代の追い風があると、ビジネスは大きく伸び、そして株価の長期急騰として反映されます。**

私の投資家としてのアプローチでは、投資候補になりそうな会社を見つけたらその会社が属している業界の「市場規模　予測」といったワードで検索します。

先に出した電気自動車のように、必ずしも「急成長業界」である必要はありません。急成長が期待されると、逆に株価にも早く反映され、買われてしまい、投資するころには高値掴みになり得るからです。

それよりも、**年に数%でもゆっくりと、しかし安定して長期間成長していく業界の方が適していると思います。また、その成長市場の中において、投資しようとしている会社の製品やサービスの市場シェアが大きく占められていると望ましいでしょう。**

たとえば、Ｇｏｏｇｌｅがあのような巨大ＩＴプラットフォーマーになったのは、検索エンジンの中で95%の高シェアを占めており、かつインターネット広告市場が伸びたという時代背景が重なったことに起因します。

高シェアということは、その会社の製品が高く評価されているということ。価格競争にならないため利益率も高くなりやすいのです。

日本にも確実に存在する時流に乗った企業

日本株においても、長期の時流に乗った成長分野は多数あります。

長期の時流における代表的な例としては、人手不足の問題があります。日本における15〜64歳の生産年齢人口は、2050年には5540万人、2065年には4809万人となる見通しです。これは2020年と比べると約2700万人も減少することになります。

一方、高齢者の数や割合は増え続け、2065年には高齢者世代1人に対して現役世代が１・３人になると言われています。そうなると、日本の各種サービスで人手不足が起きます。すでに近年、コンビニやスーパーでセルフレジが導入され、飲食店でも客が自分でオーダーするモバイルオーダーが普及しています。

また、ＡＩの活用により、高度な技能が必要な仕事でも少人数で対応可能になってきています。介護や保育など、リアルな人でないと代替されにくい職業の現場でも機械化や効率化が進んでいます。

この避けられない流れにおいて重要なのは以下の２点です。

・１人当たりの生産性を高めること
・ＤＸ（デジタルトランスフォーメーション）を強化すること

そんな時代背景で近年業績を伸ばしているのが、ジェイエイシーリクルートメント（２１２４）です。彼らはハイクラス高度人材に特化した人材紹介を行っており、外資企業への紹介も行っています。彼らの特徴は、1人が入社するだけでビジネスが加速するハイクラス層の転職を中心にしていることです。

さらに、近年はＤＸやＩＴインフラに強い人材の紹介を始め、まさに人手不足の企業が求めている人材をマッチング・供給する役割を担っています。

ハイクラス層の年収は必然的に高くなりますので、手数料もその分稼ぎやすく利益率が高いです。その上、配当利回り３％台をキープしながら、株価自体も２０１２年から２０１９年までに45倍以上と急成長を遂げてきました。これからの時代もウォッチしたい会社の１つです。

世界シェアNo.１の半導体素材メーカーはまだまだアツい

もう1つ、時代背景の事例を上げると、半導体がキーワードとして挙がります。

日本は特に半導体の製造装置や材料部品に強みを持っています。そんな中でも強いのが、信越化学工業（４０６３）の半導体シリコンウエハーです。

信越化学工業は、住宅などに使われる塩化ビニル樹脂、半導体シリコンウエハーで世界シェア1位を誇っています。特に通信機器やＡＩなど半導体市場の伸びは著しく、信越化学のシリコンウエハーなしでは成り立ちません。

そのため、**途中株価の乱高下があるとしても、長期では業績成長が続いていくと予想されます。**実際に株価は２０１６年から8年間で6倍になり、配当利回りはあまり高くないのですが、２０１６年に１０３２円で投資していた場合、２０２３年3月時点で配当金は１００円なので、ほぼ10％という利回りを達成しています。

また、無借金経営でキャッシュに余裕があるため、開発資金を潤沢に出せます。一時的に不調になったとしても、耐えられる体力が十分にあるというのも魅力ですね。

このように、**その銘柄が属す業界が長期で成長するのであれば、必然的に時間が経てば経つほど株価・配当金の同時成長を期待できるのです。**

ビジネスモデルの強みを味方にした投資

高いシェアを誇り、長年にわたり利益を出し続けている優良企業の背後には、その根源となるビジネスモデルが存在します。**単に利益率が良いということだけではなく、その背景を詳細に理解することが重要**です。

ここで、具体例として4つの企業を紹介します。

①巨大ECプラットフォーム アマゾン（AMZN）

現代日本では欠かせない存在となっている米国のアマゾンですが、彼らの強みはプラットフォームビジネスモデルの採用にあります。

このビジネスでは、企業が直接顧客に商品やサービスを提供するのではなく、商品やサービスを販売したい個人やサプライヤーに取引やコミュニケーションのための「場」を提供します。

アマゾンはＥＣプラットフォームを中心に、出品事業者が売った商品の手数料、サブスクリプションなどを安定的な収入源としています。プライム会員や広告ビジネスは全てアマゾンに紐づいており、顧客を集め定着させるよう設計されています。

また、集まったデータを活用し、ヒット商品をＡｍａｚｏｎオリジナルとして安価に提供することも彼らの強みの１つです。

プラットフォームは、大量の参加者と滞りない出品・決済・配送のプロセスが必要で、ゼロからこれを構築するのは極めて困難です。この障壁の高さが、アマゾンを今日も健在なビジネスとして支えています。

②M&A業界での新星　M&A総合研究所（9552）

M&A総合研究所は、近年M&A業界で最も注目された企業かもしれません。**主な強みは、業界内で通常必須とされるアドバイザリー契約時の着手金がゼロであること**にあります。代わりに、「業務のデジタル化」と「AIマッチング」を通じて業務効率を徹底的に高めています。

AIマッチングの導入により、成約期間が短縮されるという利点があります。これは、余計なコストの発生を抑え、M&A総合研究所自身だけでなく、依頼を受ける企業にもメリットがあります。

このビジネスモデルの核心は、着手金無料の裏にある「AIシステム」の効率化にあります。ただし、競合他社もこのモデルを真似し始める可能性があるため、今後も「AIマッチング」の優位性を維持し続けることが、M&A総合研究所の成功の鍵となるでしょう。

③都心の優良物件に特化　ヒューリック（３００３）

ヒューリックは「不動産賃貸事業」を核としている会社です。**都心に位置する駅近のオフィス・商業ビルを多数保有しています。これらのビルは空室率が低く、安定した収益で12期連続の増益を実現しています。**

「都心」「駅近」「好立地」の不動産に特化しており、一方でマンション開発や海外の不動産投資、地方への展開は行っていません。この「選択と集中」の戦略により、安定した成長を実現しています。

保有不動産の大部分はオフィス物件で、都心や首都圏に集中しています。駅徒歩5分に位置する物件が約80％を占め、空室率が低く収益性の高い物件が多いのが強みです。

④独立系の信用保証に強み　全国保証（7164）

全国保証は、個人が住宅ローンを銀行などから借りる際に、連帯保証人の役割を果たす企業です。住宅ローンを借りる人々は信用保証料を支払い、これが保証会社の主な収益源となります。

1997年に現在の主力事業である民間金融機関向けの住宅ローン保証業務を開始。この分野には金融機関の子会社や業界特有の保証会社が多い中で、独立系の最大手としての立ち位置が同社の大きな強みです。

独立系であることの利点は、どの金融グループにも属さず、さまざまな金融機関と取引が可能であることです。これを活かし、銀行、信用金庫、信用組合、ＪＡ（農業協同組合）など多様な金融機関との提携を進めています。2023年3月時点での提携金融機関は722に及びます。

銀行系の子会社としての保証会社は親会社のリスクを抱える形になりますが、独立系ではそうした問題がありません。

提携金融機関のネットワーク、23年9月末時点で16・3兆円の債務保証残高、60万件を超える保有データを基にした審査や債権管理のノウハウも重要な強みです。これらにより、民間住宅ローン市場における貸出残高シェアは上昇し続け、２０２２年時点で8・3％に達しています。

独立系であること、競合が少ない環境下での高収益性は、他にはない強みです。

一方で、全国保証は住宅ローンの借り入れにおいても、個人の信用を高め、契約をスムーズにする役割を担っています。

住宅ローンは長期かつ多額であり、返済能力のある連帯保証人が必要な場合がほとんどです。全国保証を利用することで、顧客は個人に連帯保証人を頼む必要がなく、金融機関からの借り入れがスムーズになります。

投資家なら忘れてはいけない「織り込み」

株価の「織り込み」は、株式マーケットで長く生き残る上で非常に重要な概念です。株価は、さまざまな要因や情報によって上下します。これには、海外市場の動向、国内外の政治情勢、経済指標、為替の変動、企業の業績などが含まれますが、**これから出てくる好材料や悪材料が、株価に事前に反映されていることを「織り込み済み」と言います。**

たとえば、業績悪化や減配などのマイナスの情報が事前に漏れると、株価は下落することがあります。これは、市場がその情報をすでに織り込んでいるためです。

好業績や良いニュースが予想され、株価が上昇している場合でも、その効果がすでに織り込まれていると、いざ好業績を発表した時には、同じく株価は下落します。これは「好材料出尽くし」とも呼ばれます。一方で、株価に織り込まれていない出来事を「サプライズ」と言います。サプライズとは、市場が予期していない重要なニュースや出来事のことで、これが起こると株価は大きく動くことがあります。
たとえば、２０１６年に日銀が予想外のマイナス金利政策を導入した際、株価は急上昇しました。逆に、２０２２年12月に突如マイナス金利政策の終了を示唆するとその日の市場は大暴落。高金利で利益が上がる銀行業の株だけが力強く上がりました。

このように**株価の織り込みを理解することは、利益チャンスを掴むだけでなく、思わぬ損失回避に役立ちます。**市場のサプライズに迅速に対応することが重要です。
また、事実が確定した時は期待による買いがすでに行われているため、利益確定のための売り注文が出されることがあります。これが、好業績なのになぜか株価は上がらない・赤字でも株価が急騰する原因なのです。「株価は事実に先行する」観点を常に持っておきましょう。

企業の状態を読み取るＩＲ情報の基礎

ＩＲ情報は「情報の宝庫」

限られた時間で企業の情報を集めるための、ＩＲ情報の活用法について紹介します。

ＩＲ情報とは、企業が投資家向けに公開している情報のことです。これらの情報から、企業の業績やビジネスモデル、強み、弱みなどを効率的に知ることができます。企業研究において必須の「情報の宝庫」です。

ＩＲ情報を見る時の手順は以下の通りです。

①「決算短信」でザックリ内容を把握する

②「有価証券報告書」で財務状況と「強み・弱み」を把握する

③「決算説明会資料」「中期経営計画資料」でビジュアルで理解する

この3ステップを順番に説明していきます。

①「決算短信」でザックリ内容を把握する

決算短信は、上場企業が四半期ごとの決算内容の要点をまとめた書類です。

決算短信は全ての上場企業が作成・開示する義務があります。これは速報性が高く、企業の最新情報をすばやく知ることができます。

決算短信には通期決算と四半期決算があり、それぞれの重要事項が簡潔にまとめられています。

具体的には、次の通りです。

- **業績や配当のサマリー**
- **キャッシュフロー**
- **今後の業績予想**

文章と表だけで端的にまとめられているので、時間がない方でもその企業の経営状況や決算内容を短時間で把握できます。

②「有価証券報告書」で財務状況と「強み・弱み」を把握する

有価証券報告書は情報の網羅性や正確性で決算短信を上回ります。
決算短信は速報性を重視しているため、どうしても推定が含まれることがあります。
したがって、詳細な分析には有価証券報告書がより適しています。

有価証券報告書は、決算短信と同じく、まず業績や配当のサマリーを見ます。決算短信では、原則として1枚目に「1．○年○月期第○四半期の（連結）業績」や「2．配当の状況」が明記されています。有価証券報告書でも、特に、売上や利益が前期比や前年同期比でどの程度変化しているか、短信と比べて何か変化がないか確認してください。

良い意味でも悪い意味でも、大きな変化が起きていないかが重要です。

次に、業績予想に目を向けます。

通常は短信に「3．○年○月期の（連結）業績予想」が記載されています。第1四半期、第2四半期、第3四半期の決算短信では、今期予想の修正があるかどうか、またその変化率を確認します。

また、高配当株投資をしていればなかなか巡り会わないと思いますが短信の、「継続企業の前提に関する注記」にも注意が必要です。これは「ゴーイング・コンサーン」とも呼ばれ、企業の上場・存続に問題がある可能性を取引所が認定しています。ＳＢＩ証券でその一覧を見ることができますが、特に赤字が続いたり時価総額が小さい銘柄はこの「継続企業の前提に関する注記」（継続の疑義注記）に気を付けてください。

続いて、記載があれば事業セグメント別の経営成績もチェックしてください。サマリーでは見えなかった各セグメントの情報を見ることで、どのセグメントが成長しているか、または不調かを把握できます。

大きな変更がある場合は、株価の反応もチェックしましょう。業績予想が上方修正されていても、株価があまり変動していない場合、その修正がまだ株価に織り込まれていない可能性があります。

配当予想の変更も注目です。直近で公表された配当予想からの変更は、株価に影響

信越化学工業（4063）／2024年3月期第3四半期業績資料

1．2024 年 3 月期第 3 四半期の連結業績（2023 年 4 月 1 日～2023 年 12 月 31 日）

(1) 連結経営成績（累計）　　(%表示は、対前年同四半期増減率)

	売上高		営業利益		経常利益		親会社株主に帰属する四半期純利益	
	百万円	%	百万円	%	百万円	%	百万円	%
2024 年 3 月期第 3 四半期	1, 823, 403	△15. 7	559, 528	△30. 8	615, 732	△25. 3	406, 529	△29. 7
2023 年 3 月期第 3 四半期	2, 163, 237	45. 8	808, 227	68. 3	824, 217	68. 1	578, 519	63. 8

(注) 包括利益 2024 年 3 月期第 3 四半期　739, 865 百万円(△29. 6%)　2023 年 3 月期第 3 四半期　1, 051, 463 百万円(123. 9%)

	1 株当たり四半期純利益	潜在株式調整後 1 株当たり四半期純利益
	円 銭	円 銭
2024 年 3 月期第 3 四半期	202. 44	202. 23
2023 年 3 月期第 3 四半期	283. 30	283. 14

(注) 2023 年 4 月 1 日付で普通株式 1 株につき 5 株の割合で株式分割を行いました。「1 株当たり当期純利益に関する会計基準」に基づき、2023 年 3 月期の 1 株当たり情報は分割後の株式数によります。

(2) 連結財政状態

	総資産	純資産	自己資本比率	1 株当たり純資産
	百万円	百万円	%	円 銭
2024 年 3 月期第 3 四半期	5, 123, 785	4, 426, 643	83. 1	2, 133. 98
2023 年 3 月期	4, 730, 394	4, 026, 209	81. 8	1, 918. 37

(参考) 自己資本　2024 年 3 月期第 3 四半期　4, 258, 011 百万円　　2023 年 3 月期　3, 870, 394 百万円

2．配当の状況

	年間配当金				
	第 1 四半期末	第 2 四半期末	第 3 四半期末	期末	合計
	円 銭	円 銭	円 銭	円 銭	円 銭
2023 年 3 月期	－	225. 00	－	275. 00	500. 00
2024 年 3 月期	－	50. 00	－	[redacted]	[redacted]
2024 年 3 月期(予想)	[redacted]	[redacted]	[redacted]	50. 00	100. 00

(注 1) 直近に公表されている配当予想からの修正の有無　：　無

(注 2) 2023 年 4 月 1 日付で普通株式 1 株につき 5 株の割合で株式分割を行いました。2023 年 3 月期については、当該株式分割前の実際の額を記載しています。2024 年 3 月期（予想）については、当該株式分割後の金額を記載しており、株式分割を考慮しない場合の年間配当金（予想）は 500 円となります。

3．2024 年 3 月期の連結業績予想（2023 年 4 月 1 日～2024 年 3 月 31 日）　　(%表示は、対前期増減率)

	売上高		営業利益		経常利益		親会社株主に帰属する当期純利益		1 株当たり当期純利益
	百万円	%	百万円	%	百万円	%	百万円	%	円 銭
通期	2, 300, 000	△18. 1	700, 000	△29. 9	760, 000	△25. 5	520, 000	△26. 6	257. 60

(セグメント情報)

【セグメント情報】

Ⅰ　前第 3 四半期連結累計期間（自　2022年 4 月 1 日　至　2022年12月31日）

1．報告セグメントごとの売上高及び利益又は損失の金額に関する情報

(単位：百万円)

	報告セグメント					調整額(注)	四半期連結損益計算書計上額(注)
	生活環境基盤材料事業	電子材料事業	機能材料事業	加工・商事・技術サービス事業	計		
売上高							
外部顧客への売上高	1, 008, 835	672, 504	384, 146	97, 751	2, 163, 237	－	2, 163, 237
セグメント間の内部売上高又は振替高	4, 585	5, 948	22, 736	93, 021	126, 292	(126, 292)	－
計	1, 013, 420	678, 453	406, 882	190, 772	2, 289, 529	(126, 292)	2, 163, 237
セグメント利益	439, 498	243, 317	106, 165	20, 936	809, 917	(1, 689)	808, 227

(注) セグメント利益は、四半期連結損益計算書の営業利益と調整を行っており、「調整額」は、セグメント間取引消去によるものです。

を与えやすいものです。その理由と変更後の配当水準がどこまで続くのかも確認してください。

貸借対照表では、特定のタイミング（決算日）の企業の資産・負債・純資産の金額と内訳が示され、企業の財政状況が分かります。「純資産」の割合は、企業の財務の安定性を見る指標となります。負債が多い場合はそれだけ大きな返済が発生するため、財務の安定性に影響を与えます。

③「決算説明会資料」「中期経営計画資料」でビジュアルで理解する

最後に、決算説明会で使われた資料や中期の経営資料も見てみてください。

これらの公表は義務付けられていないので、公表するかどうかは会社によってまちまちですが、グラフ等で企業の状況が視覚的に分かり、重宝する存在です。

また、業績の推移はもちろん、決算短信や有価証券報告書では分からなかった詳しい情報が多数載っています。

私が重視するのは、事業別の売上高と利益です。その割合や変化はもちろん、なぜその事業が伸びているのか、あるいは苦戦しているのか、といった理由についてもこれらの資料で確認しています。

製造業であれば、在庫数や受注残数、受注獲得数などについて、その前年との比較を見て事業の先行きを考える参考にしています。

月額制のサービス業であれば、解約率や新規契約数などを重視し、その成長ペースも確認します。

また、今の事業だけではなく未来に対する取り組みも、決算資料にはよく記載されています。製鉄業・エネルギー産業であればゼロエミッションやカーボンニュートラルなどの取り組みがアピールされていたり、成長企業が既存事業にはない新たな事業投資を行い、その金額規模などを載せたりしていることがあります。

したがって、決算説明会のプレゼンテーション資料が企業のＩＲサイトに載っていれば、積極的に見るべきです。

また、中期経営計画を出している企業も個人的には有望視しています。

中期経営計画には、この先2～3年、長ければ5年の経営計画と具体的な数字、目標を載せています。

中期の経営計画とは、投資家との約束です。「今度時間ができたら飲みに行こうよ」といった、個人間でされるような曖昧な約束ではなく、きちんと数字を用いて利害関係者である株主に説明をし、企業はその中期経営計画に特にコミットします。

まして配当を長年出し続けているような、信用が第一の大手企業であれば、その約束はより重いものと言えます。

ですから、中期経営計画で今よりも良い数字、前向きな内容が書いてあれば、それはプラス材料として見ています。

第5章

数字を追えば明々白々！ピンチをチャンスに変える暴落の買いタイミング

チャートに表れる暴落シグナル

長期の株価上昇においてはファンダメンタルズ分析が根幹になりますが、とはいえチャートも無視できません。特に好業績や悪材料などの情報が出る前に、チャートは先に動きます。そのため、今回は**逃げ時をいち早く察知し、有利な買いポイントを見つけられる暴落シグナル**をいくつか紹介したいと思います。

①高値を越えられない

当たり前ですが、順調に上昇する銘柄は高値を更新し続けます。上昇一辺倒ではなく、途中でギャップダウンしたり、停滞したりしながらも、その下落幅を上回る勢いで高値を更新していきます。

S&P500／下落チャート

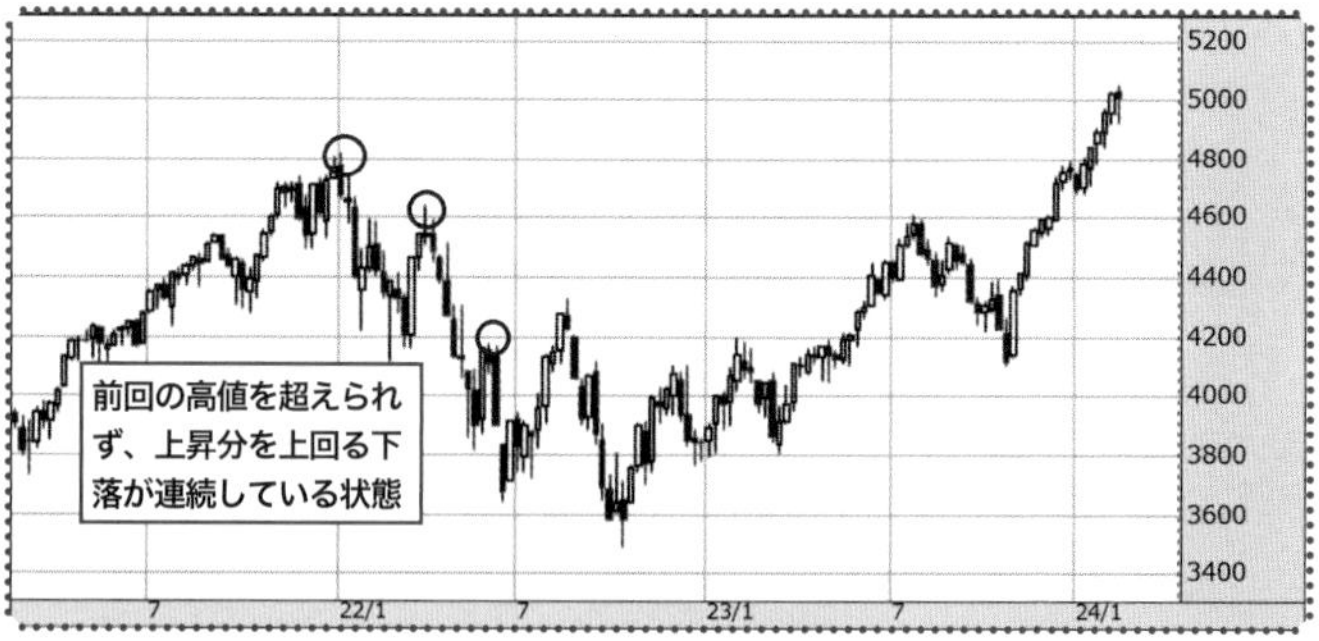

出典：「株探」（https://kabutan.jp/）

しかし、**将来的に暴落が始まる銘柄は、その高値更新が見られなくなっていきます。**

米国のS&P500を例にとっても、2021年12月の高値を翌年1月に超えられず、さらに安値を更新し、反発して戻るのですが、元の株価まで行くことなく、高値を抑えられてさらにそれまでの上昇を打ち消す大きな陰線を記録しているのが分かります。

上昇が終わる最高値で気づくのは難しいかもしれませんが、**前回の高値を超えられず、さらに反発したとしても、それ**

ベライゾン（VZ）／週足

出典：「株探」（https://kabutan.jp/）

を打ち消して余りある大きな陰線をつけ、下落するなら危険サインです。

上昇を続けた銘柄だけでなく、長年下げ続けてきた銘柄についても同じことが言えます。

たとえば、米国の高配当銘柄であるベライゾン。なかなか高値を更新せず、高値を切り下げながら下落してきました。余裕資金があれば話は別ですが、このように下落を続けている銘柄に投資をすると、結果的に上昇するのも遅く、さらには安値を更新してしまう恐れがありますので、その意味でも注意した方がいいでしょう。

投資する際はまず、高値を定期的に更新しているか、あるいは停滞していても逆に安値ラインを割っていないか、ローソク足の推移をチェックしましょう。

②長期でオシレーターが過熱

オシレーターは株式投資において価格の動き（勢い）を分析するツールです。株価が過剰買いまたは過剰売りの状態にあるかどうかを示し、市場の温度感を測るのに役立ちます。

チャート上ですと、一般的にはローソク足の下のエリアに表示されます。私がお勧めしたいのは、**ＲＣＩ（順位相関指数）とＭＡＣＤ（移動平均収束拡散指標）です。ＲＣＩは０を中心としてマイナス１００から１００の幅があり、１００に近づくほど高値圏、マイナス１００に近づくほど安値圏と言われています。**

押し目買いを狙うのであれば、ＲＣＩがマイナス１００に近づいてから反発するタイミングを狙うと良いでしょう。逆に、ＲＣＩが１００に張り付いてから下落が始まると、暴落の初動である可能性があり、売り時と判断することができます。

注意したいのは、ＲＣＩの「マイナス１００で買い、１００で売り」が通用するのは、横ばいか上昇トレンドの銘柄であるということです。

たとえば、上昇トレンドの銘柄では、ＲＣＩが１００付近で張り付いたまま上昇が続いたり、逆に下落トレンドの銘柄は、マイナス１００付近から反発してもすぐに戻ってしまいますので、ローソク足のトレンドが上昇中かどうかを考慮に入れる必要があります。ただ、トレンドが明確であれば、ＲＣＩは非常に有効な指標です。

私はさらに、日足のＲＣＩを見るだけでなく、週足や月足も見ます。週足や月足は長期間のチャートの傾向を示します。**週足や月足でRCIがマイナス100に近づくということは、数年来のかなりの安値圏に来ている可能性があります。**

RCIの切り返し　日経平均株価／日足

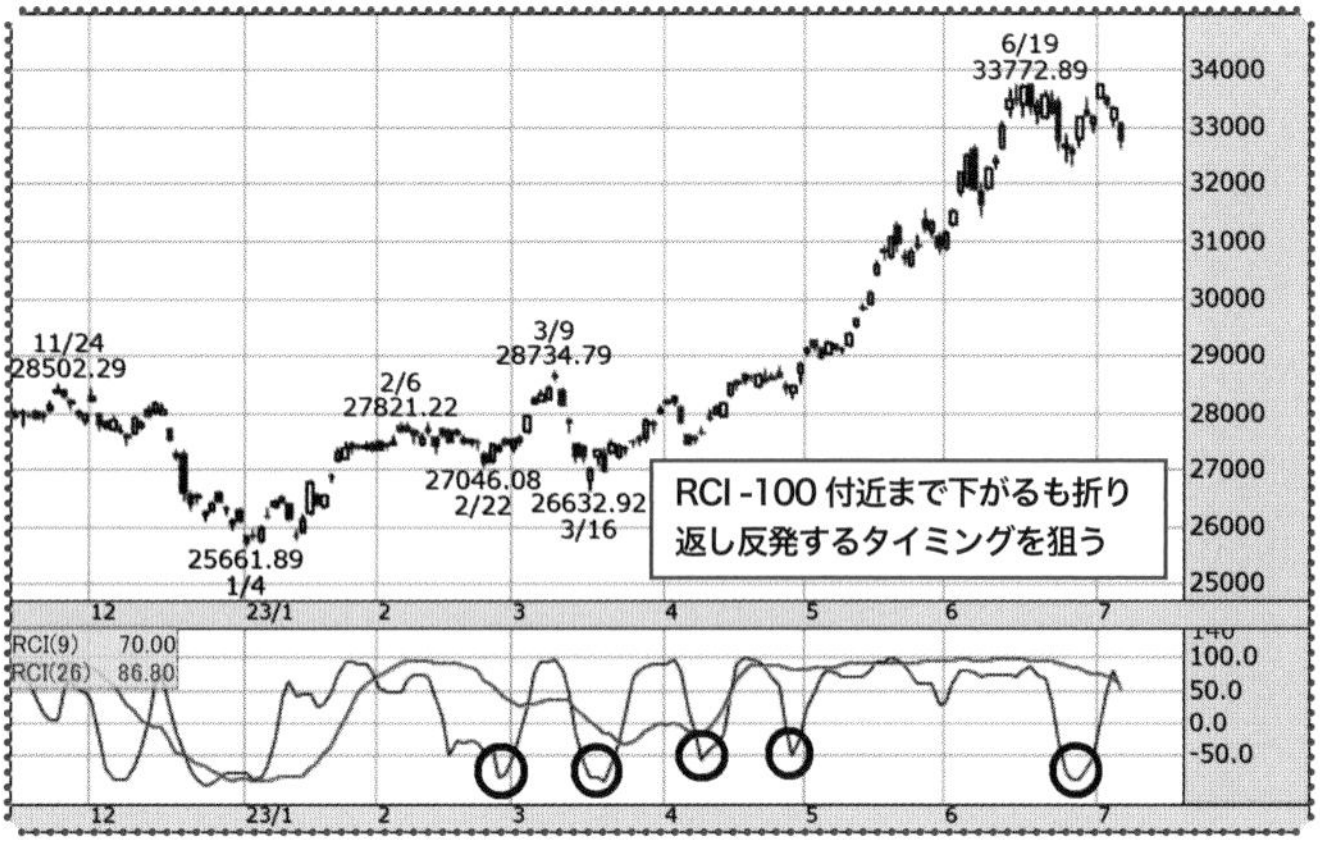

出典：「株探」（https://kabutan.jp/）

もう1つ紹介したいのがMACDです。

MACDも同じような見方ができます。ヒストグラム、つまり棒グラフが下に行けば行くほど売られすぎ、逆に0ラインより上に行けば行くほど買われすぎと言われます。

私は特に、このMACDのヒストグラムが下に大きく下がってから、下げ幅を縮小して反発するタイミングを見極めることが大切だと思っています。これも、RCIと同様に、市場の過熱感や割安感を見ることができますので、非常にお勧

MACDヒストグラムの縮小を基準にした
株価の反発ポイント　日経平均株価／週足

出典：「株探」（https://kabutan.jp/）

めです。

③出来高急増＋大陰線

出来高とは、一定期間に株が売買された数量のことを指します。

たとえば、売り100株と買い100株の取引が成立した場合、この時の出来高は100株となります。出来高が多ければ、その株の取引に大量の参加者がいるのです。

今回紹介する**「出来高急増＋大陰線」は、暴落の鉄板パターン**です。暴落シグナルというより、暴落が発生した初動と見ていいでしょう。

たとえば、２０２２年2月のメタ（旧フェイスブック）のチャートは、予想を下回る決算が悲観され、決算後に株価は20％以上も暴落しました。

特に、下落を示す大陰線が大きくなっているのもさることながら、下の出来高も急増していたことが分かります。

出来高を伴って下げるということは、多くの参加者・資金が逃げていることを意味します。特に、株価を動かすような大口投資家が極端に売り増さないと、このような急激な下落＋出来高急増は起きません。

こうなってしまうと、その後すぐに株価が回復し力強く上昇するのは望みにくいです。実際、例で出したメタの株価が高値を回復するのは、この後1年以上経ってからでした。時間を要します。

出来高急増と大陰線の形が出たからといって、その株がまったくダメになるわけではありませんが、戻ってくるのに時間がかかります。

出来高急増＋大陰線は大口が逃げている証
メタ（META）／週足

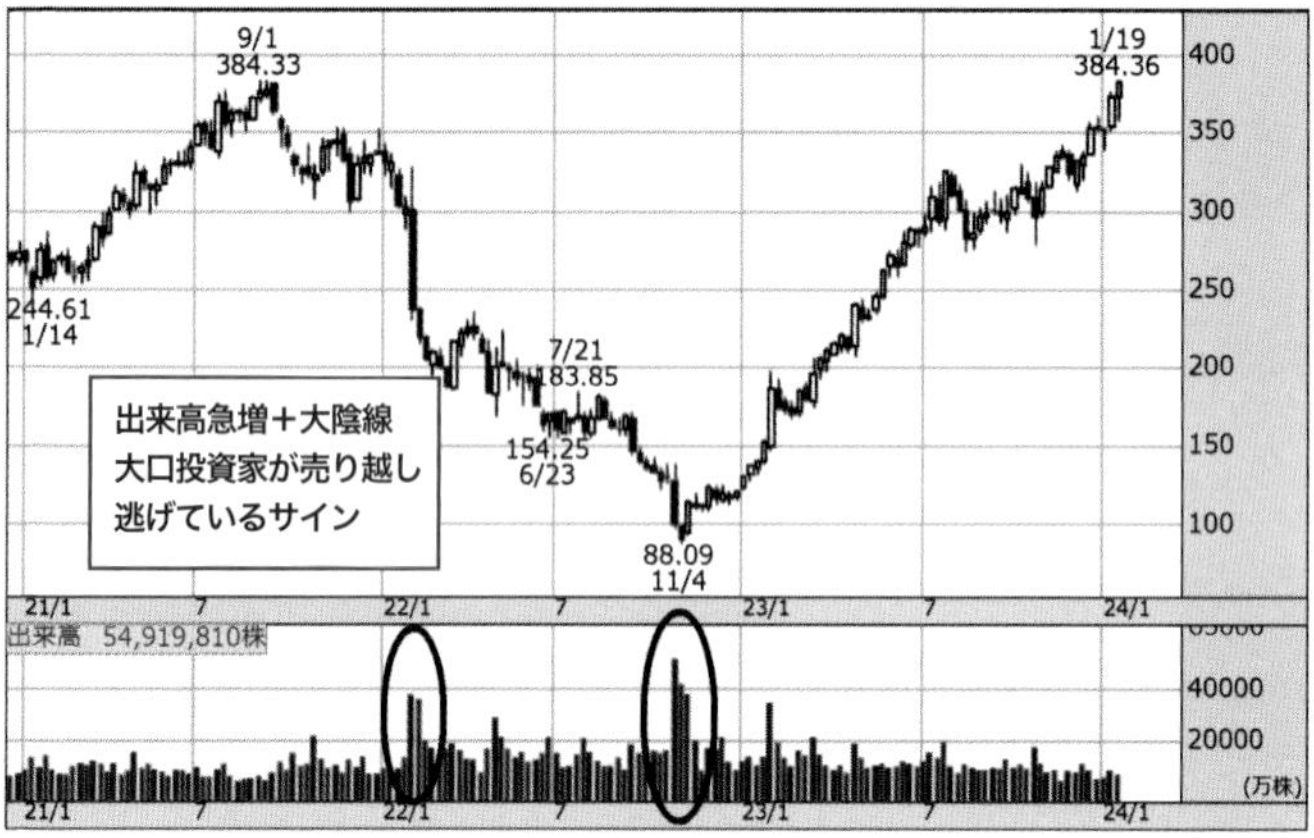

出典：「株探」（https://kabutan.jp/）

また、これからその銘柄に投資しようか考えている人にとっては、それまでの上昇を大きく覆すような暴落が見える銘柄には、心理的に慎重になります。

さらに暴落前の高値で買って塩漬けにしている投資家にとっては、株価が少し反発して傷が小さくなったタイミングで売ってしまう人もおり、そのため上値が重くなります。

厄介なのは、決算の数字が良かったとしても、このような極端な大陰線の形が出ることです。あなたがこのような場面に遭遇すると、「良い会社なのになぜ？」

と思うかもしれませんが、この場合は逃げることを推奨します。

多くの投資家が売りに出ていますので、何かが起きています。細かい理由は後で探るとして、事態が急変したのを受け入れて撤退する度量も時には持ってください。

④暴落予防法　節目の前後で無理に買わない

地合いの悪化を除けば、多くの場合、個別銘柄の暴落は「決算後」に起きます。それであれば、決算前後は無理に売買せず、急激な変動を避けることも一手です。

特に、本書で紹介するような、配当だけでなく株価の大きな上昇を狙う場合、企業に対する投資家の期待は高くなりがちです。しかし、一時的な不調で企業の業績が投資家の期待に届かないと、決算後に株価は暴落してしまいます。そのため、決算前後は静観し、その後株価に問題がないと分かってから売買判断しても遅くありません。

また、決算だけでなく、株式分割や権利付き最終売買日前といった節目にも注意が必要です。株式分割とは、企業が既存の株式を複数に分割することを指し、これが好材料視されてその企業の株が一時的に人気化することがあります。

たとえば、2023年にNTTが1株を25分割し、4000円以上だった株価が160円台になったことが話題になりました。株式分割によって、保有株数全体の価値は変わりませんが、新規に株を購入する人にとっては必要資金が安くなり、個人投資家を引き込みやすくなります。実際、株式分割を発表した直後は好材料として見られやすいです。

しかし、株式分割を行う背景が必ずしもプラスであるとは限りません。本来であれば、企業は利益を上げ、株価を高め、長期的に株を保有している株主に恩恵を与えることが望ましいからです。高額な株は短期的な売買をしてくる小資金トレーダーを寄せ付けない効果があります。

その意味で、株式分割が行われるのは、これ以上株価の上昇が見込みにくくなった背景もあると言えます。実際に、株式分割を行った直後は株価がよく乱高下します。

例に出したＮＴＴの株も、23年6月末の分割に伴う乱高下が見られました。

もう1つ注意すべき節目は権利付き最終売買日です。簡単に言うと、この日までに株を保有していれば配当を受け取る権利が発生する日のことを言います。日本の株式市場では、3月と9月に多くの高配当株で権利付き最終売買日が集中します。

権利付き最終売買日を過ぎると、配当の権利が確定するので一部の投資家が株を売却しはじめます。その影響で、株価が下落することがあるのです。特に、市場が好調で、その時点までに株価が上昇していた場合、このタイミングで利益確定を行う投資家も多く、株価に下落圧力がかかります。

したがって、**配当を受け取る期日が迫っているという理由だけで安易に株を購入することは避けるべき**です。逆に、株式分割や権利付き最終売買日後に下落したタイミングこそ、私はむしろ買いを狙っていくスタンスでいます。

底打ちをシンプルに見分ける2つの指標

私が株を買う基本方針は、**全体地合いが悪化後、底打ちしているタイミング「のみ」を狙うこと**です。チャンスは月に1回あれば良い方で、できれば年に2〜3回、何かの悪材料でしっかり暴落し市場全体が総悲観である時が理想のタイミングです。

そこで、地合い最悪期からの底打ちを見極める日米で代表的な指標を2つ紹介します。

底打ちを見極める指標① 日本の代表的な指標 騰落レシオ

騰落（とうらく）レシオは、株式市場の全体的な強弱を測る指標の1つ。別の言い方をすれば温度計のようなものです。

市場全体の「**上昇銘柄数 ÷ 下落銘柄数**」の比率をパーセントで表しており、株式の買われすぎ・売られすぎを把握するのに役立ちます。

買われすぎでも売られすぎでもない状態だと騰落レシオ＝１００（％）となり、その上下を利用して市場の状況を判断します。騰落レシオが１００％より高い場合、上昇銘柄が下落銘柄より多いことを意味しますので、市場全体が株式に強気であることを示します。逆に、騰落レシオが１００％未満の時は下落銘柄の数が上昇銘柄より多く、株式に弱気であると言えます。

私の場合、東証プライム25日騰落レシオを活用し、90台に下げてから株買いを検討、80台以下で本格的買い付けに入ります。

一般的に、騰落レシオが極端に低い場合、市場が過度に悲観的である可能性があり、トレンド転換のシグナルになります。

逆に１２０を超えるなど、過熱している時には絶対に手を出しません。これに気を付けるだけでも、塩漬けの原因となる高値掴みを防ぐことができます。

底打ちを見極める指標②　米国の代表的な指標「ＶＩＸ指数（恐怖指数）」

米国株の**ＶＩＸ指数（恐怖指数）とは、その名の通り市場が感じている恐怖を数値化したもの**です。

ＶＩＸとは、ボラティリティ・インデックスの略称で、暴落が起きて市場の変動幅が大きいと、ＶＩＸ指数は高くなります。逆に、ＶＩＸ指数が低い場合、投資家は市場が安定し楽観的な見方をしていると表されます。

ＶＩＸ指数と株価は反比例して動きます。市場の暴落期はほぼ例外なくＶＩＸ指数が高騰します。近年は30台、２０２０年のコロナショック暴落時には85を付けました。

ＶＩＸ指数がここまで高騰することはなかなかなく、言い替えれば市場の恐怖が最高潮に達し、それ以上に最悪な状況は考えにくいといった状況です。繰り返しになりますが、株の最高の買い時は市場が総悲観の中で生まれるのです。そのため私は米国のＶＩＸ指数が高騰した際には、頂点を付けて低下する場面を注意深く狙います。

もちろん、ＶＩＸが全てのリスクを完全に反映しているわけではないので、投資判断の際には他の要因も考慮するべきですが、「1年間の中でもなかなか起こり得ない」恐怖が発生しているからこそ、底打ちの見極め指標として信頼性が高いです。

最悪期の中にお宝ポジションの芽がある

企業の業績が悪化したり、配当を出していた銘柄が無配に転落しても、必ずしも悲観する必要はありません。実は、そういった時に大きな投資チャンスが隠れていることがあります。**悪材料に満ちた中で、株価はなぜかスルスルと上昇することがしばしばある**からです。

たとえば、日本製紙（３８６３）は近年、物価上昇や販売不振により業績が低下傾向にありました。２０２２年8月の決算では、長年続けてきた配当が無配に、最終利益も4年ぶりの赤字に転落しました。この決算発表直後、大陰線が出現し出来高が急増しているため、一見すると前述した暴落パターンに当てはまっています。

しかし、その後2023年にかけて、株価は10月の安値から翌23年9月まで約70％上昇し、V字回復しました。日本製紙の株価を長期的に見ると、業績停滞の懸念から株価は下落していましたが、**配当のカットが最悪の材料出尽くしとなり、そこから株価が反発した**のです。

このように、企業としては一見悪い出来事であっても、株価反発の起点になるのです。赤字転落やリストラ、事業の縮小なども同様です。

ここで重要なのは、**いずれの出来事も株主にとっては「利益を残しやすくする施策」**であるということです。一般的な目線だとネガティブに見えても、投資家の視点からすると、これらは実はチャンスであるとも言えます。

たとえば、日本電気硝子（5214）も2023年上半期で赤字に転落しましたが、同時にコストカットも進め、株価は反比例するかのように上昇し、2024年を見ると1・5倍近くに上昇しています。悪い材料があるからといって過剰に心配することなく、むしろその中にチャンスがないかを考えてみてください。

以上のことからも、**状況が悪い時こそ前向きに、良い材料がないか、これ以上悪化することはないか、株価が実はひっそりと上昇していないかを考えると、千載一遇のチャンスに遭遇する可能性が高まります。**

投資した「前提」が変わったら迷わず売り時

短絡的な売却は避けるべきだが、売買基準は明確にすべし

私の株式売却の基準についてお話ししましょう。まず、大前提として、私は長期投資のつもりで買った株をそうそう売却することはありません。

長期で株価上昇とともに資産額を伸ばすには時間が必要であり、短期的な売買では大きな利益を逃します。目先の確定損益を気にするのではなく、長期間にわたって資産額を増やす視点が重要です。

重要なのは売却したいと思わないような銘柄を選ぶことです。

長い歴史を紐解けば、株価は長期間上昇してきました。その背景には人口増加・経済成長・インフレがあり、その傾向は現在も続いています。そのため、**一時的な利益**

確定に走るのではなく、時間をかけて資産を増やしていく意識が必要です。

実際、買い値からプラス50％、プラス１００％と株価が上がって利益を確定してしまった場合、株価が再び元の買い値に戻ることは滅多にありません。

保有する全株数を一度に売却し、銘柄コードすら忘れられるという確信度でない限り、含み益がしっかり乗ったお宝ポジションの株を簡単に売却しないことをお勧めします。ＮＩＳＡ口座でなければ、利益確定すると税金も発生します。

とはいえ、まったく株を売らないということではありません。

明確な売買基準があります。それは、**もともと自分が投資した際の前提や理由が大きく変わった場合**です。

その時は当初の投資シナリオでは想定していなかった出来事が起こっています。予測不可能なリスクを冒してまでお金を投じ続けることは危険だと考えます。

このような事例について具体的に取り上げていきます。

事例①政府の規制で暴落した中国株

数年前まで、私は中国株に投資していました。中国の本土や香港の証券取引所を通じて、今でも日本から中国の市場への投資が可能です。特に中国は米国に次ぐハイテク立国であり、ＢＡＴＨ（バイドゥ、アリババ、ファーウェイ、テンセント）などのハイテク4社は米国の巨大プラットフォーム企業ＧＡＦＡに匹敵する成長を遂げていました。

私が投資していたのはテンセントで、中国で広く利用されている通話アプリの「ＷｅＣｈａｔ」を運営し、その他にもＩＴオンラインエンターテイメント事業など、消費者に根付いた巨大プラットフォーマーです。

しかし、２０２１年の8月、中国当局が突如としてオンラインゲームなどの規制に乗り出し、ビジネス環境が大きく変わりました。特に驚くべきは、教育サービスへの規制で、学歴競争が激しく、教育費が家計に負担をかけていた中国において、教育産業の営利活動自体を禁止する措置が取られたことです。

こうした政府の規制により、ビジネス環境が激変し、テンセントの株価は大きく急落しました。私はこのニュースを受けて、ビジネス環境が大きく変わったことを理由に全株を売却しました。その取引では損失を出しましたが、仮に含み益であっても、私は売却の判断を下していたと思います。

事例②新型コロナでの事業環境の激変

２０２０年、新型コロナウイルス感染拡大の影響で外出制限や移動制約が広がり、対面や移動を前提としたビジネスは環境が激変しました。これまでならあり得なかった移動需要の消滅に伴って、ＪＲや航空会社などの売上は9割以上も減少し、ビジネス活動が維持できない状況が生じました。

同様に、エネルギー業界でも需要が急減し、原油価格が史上初めてマイナスを記録するなど、異常な事態が発生しました。

現在、多くの産業はV字回復していますので、ある意味最悪の状況に直面した株の買い時と言えるでしょう。

しかし一方で、これ以前に高値で株を保有していた場合、大きな含み損を抱え、いつ元に戻るか不透明な状態になります。さらに、鉄道や航空会社などは本来需要が安定したインフラ企業であるという前提があるのに、ウイルスの影響でその事業環境がまったく変わってしてしまったため、事業の安定性・成長性を投資理由にしている場合は、売却となります。

事例③無配当に転落した時

高配当を前提として投資しているのに業績の悪化、それにともなう減配（無配）が発生した場合も、株を手放す理由となり得ます。本書を手に取ってくださる読者の方々には、配当金だけでなく、会社の成長性や安全性などを考慮して株を選んでいただきたいと思っています。が、やはり配当金の高さは大事で十分投資理由になります。

これらの前提が変わった場合、いったん売却を検討することも妥当です。

損が出ている銘柄との相殺利益確定もNG

売却の際に注意したいのは、含み損の銘柄と含み益の銘柄を相殺しようとする行為です。個人投資家にありがちな話なのですが、含み損になっている銘柄を損切り、含み益のある銘柄を一緒に利益確定して、トータルで資金が減るのを回避しようとします。これはお勧めしません。

なぜなら、**含み益の銘柄はあなたの予測が当たり、将来にわたり利益をもたらしてくれる銘柄である可能性が高い**からです。逆に、含み損の銘柄は予測が外れ、将来の成長性に懸念があります。

会社に例えれば、含み益がある銘柄＝利益をもたらす優秀な社員、含み損がある銘柄＝利益を生まない社員ということになります。

もし、あなたが経営者であれば、冷静に利益追求を考えた時に、利益を生む社員を残し、利益を出さない社員を解雇するでしょう。これまで払った給料など投資コストが回収できなかったとしてもです。

同様に、株式投資でも、含み益を持つ銘柄を残し、投資した理由が変わってしまった含み損の銘柄を売却することが重要です。

そのため、**ポートフォリオは全て含み益の銘柄で揃っているのが望ましい**と思います。確定損益にこだわりすぎず、成長が期待される銘柄と一緒に、資産額を伸ばすことにフォーカスする考え方が成功への近道です。

相場の現在地を知る「セクターローテーション」

株式市場は４つのサイクルを繰り返す

セクターローテーションは、市場の変化に応じて投資対象セクターを切り替える戦略です。ここで重要なのは、**株式市場が４つの主要なサイクル、すなわち「業績相場」「逆金融相場」「逆業績相場」「金融相場」を繰り返す**ことです。

この戦略は各企業の業績よりも、マクロの視点で機関投資家が景況感に合わせ、業種ごとに「売り」と「買い」を行うことに由来しています。

結局のところ、株価は大口投資家の動きに左右されますので、企業の決算だけ見ていてもダメです。逆に、決算が悪くても、セクターローテーションに合っている業種であれば、買われることもあります。

まず「**業績相場**」では、企業の収益が成長し、経済が拡大します。この時、製造業や資本財関連のセクターが好調になる傾向があります。日本株に置き換えれば、自動車や電子機器などの製造業が主です。これらは日本経済の重要な柱であり、国際市場での競争力も高いため、経済拡大時には特に株価も強くなります。

次に「**逆金融相場**」では、金融政策の引き締めにより、市場が調整期に入ります。ここではインフレ・金融引き締め時に強いエネルギーセクター、商社、鉄鋼業などに資金が入りやすくなります。

「**逆業績相場**」は、金融引き締めが効き企業業績の低下とともに市場が下落する時期です。ここでは安定した収益を持つディフェンシブセクター、たとえば医薬品や公共事業の株が強みを発揮します。

最後に「**金融相場**」では、金融緩和策により市場が再び活性化します。この時期は金融や不動産などのセクターが好調になります。低金利の環境は不動産投資を促進し、金融機関も貸し出しや投資活動を拡大させることが多いからです。また、低金利

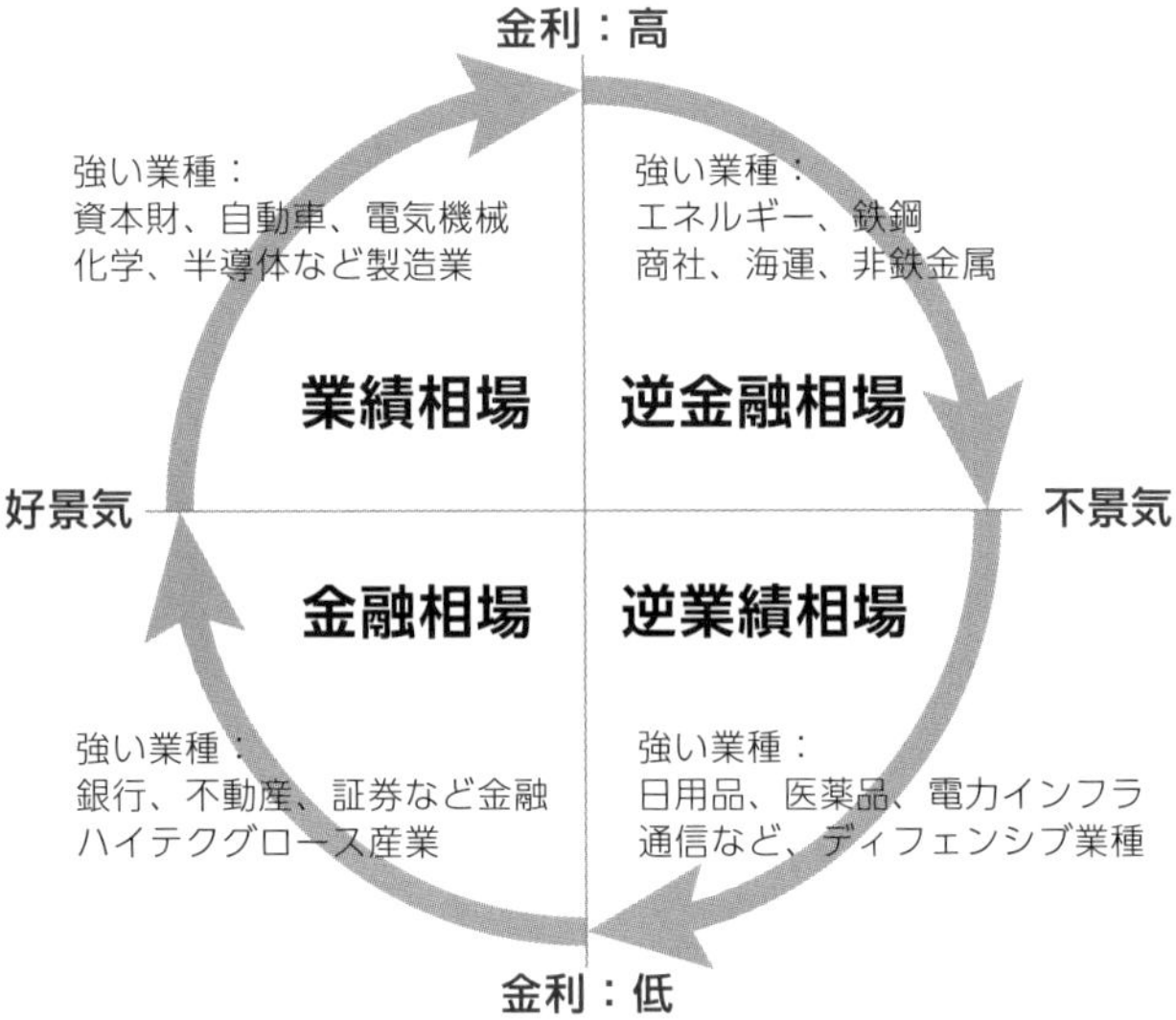

を背景に将来の大きな成長が期待されているグロース株、ハイテク株も上がりやすい相場です。

このように、**セクターローテーションを活用することで、景気の波に合わせて最も有利なセクターへ投資し、キャピタルゲインやインカムゲインを狙うことができます。**

混乱の中で冷静に買う最強投資メンタルを鍛える

①勝ち・負けという発想を捨てる

よく投資で利益を出す＝勝ち、損する＝負けと表現されますが、この発想は捨ててください。人から預かった大切な資金を運用するトレーダーならばそれで良いです。しかし、個人投資家としては、勝ち負けという発想は適切ではありません。私自身も、そのような言葉を使わないようにしています。

根本的に、投資は世の中に価値を提供する素晴らしい企業に対してお金を投じることで、いわば会社や事業を応援する行為です。まして、長期で上昇し続ける銘柄を狙いたいのであれば、すぐに売ってしまって利益確定（勝ち）を目指すのではなく、気長にその会社の成長を待つ必要があります。

これは私の経験なのですが、不思議と、**自分が投資したお金を「損してもいいよ」くらいのスタンスで臨んだ方が、結果的に上手くいきやすい**です。あまりにも利益に執着しすぎると、売らなくていいところで売ってしまったり、判断を誤る要因になってしまうからです。

実際、暴落時に投資してみれば分かると思いますが、そう簡単に株価は戻りませんし、しばらく含み損のまま停滞ということもたくさんあります。

その時に、すぐ利益が出ない、含み益が出ないからといって売ってしまったら、とてもではありませんが、その後の成長の恩恵を受けられません。

その意味でも、**短期的な勝ち負けの発想は捨てること**です。投資自体がそもそも他人にやり方を強制されるものではなく、自分の資金や状況に合った方法を選べますので、そのメリットを最大限活かしましょう。

②本能的に恐怖を感じる時こそ最高の機会

世界的投資家の名言にもあるように、投資する際は人間の感情とは逆に行動することです。本書の冒頭でも紹介している、私が大いに尊敬しているウォーレン・バフェットの言葉、「他人が貪欲な時こそ慎重に、他人が恐れている時こそ貪欲に」という言葉はまさに真理をついています。

市場が不安定で、まだ下がるんじゃないかという恐怖心がある時こそ、最高の機会になりやすいものです。

逆に、市場が絶好調で、青天井という時は、プロの機関投資家からもともと株を持っていた人、さらには元々株式投資なんてやってこなかった人々までが買ってしまい、これ以上買い手がいなくなることによって天井が発生します。

ポイントは、バブルが崩れた時や安値更新など悪いニュースが出た時、誰も売り手がいなくなったところから始まるのです。

しかし、あまりに長く下落が続くと悩ましいものです。特に短期間で10%、20%という急落だった場合は、悪材料で終わることが多いです。企業の最悪期は、まだ下がるんじゃないかという悲観的な意見に溢れています。

ただ、それでも、これまで解説してきたような事業の将来性、強み、業界の成長、そして現在の株価ライン、株価の割安度を見ながら、「このお金は最悪無くなってもいい」というスタンスで、冷静にチャンスを見極めていきましょう。

私自身も、投資をする際は常にリスクを考えますし、自分が本能的に恐怖心を感じているかどうか、というのも大切にしています。逆に、**前のめりに今すぐ買いたいと思っている時は、危ないケースが多いです。重要なのは、資産配分に気をつけるということ**です。

当然、市場に絶対はありませんし、これまで30年間で8倍になってきた米国株が、次の30年間で8分の1になることもあるかもしれません。

それでも、自分の大切な資産を守り、投資の結果が人生に悪い意味で大きく影響しないように、私は資産全体のうちでどのくらいを株に投資するのか、損する場合はどのくらいまで許容できるのか、ということを事前に把握した上で投資しています。

基準としては、**買ったところから半分になったとしても、その金額を失っても大丈夫か、人生の設計に影響がないかどうか**、を考えます。

また、景気敏感株やディフェンシブ銘柄を組み入れたり、ゴールドや債券など、株とはまた違う動きをする商品をポートフォリオに入れたりして、1つの種類の投資対象と運命を共にしないように気をつけています。

特に株式投資は変動が大きいリスク資産です。日本を代表するような超大手企業の株であっても3分の1になったり、倍になったりすることもあります。高配当株でも、バラエティに富んだ動きがあります。

その意味で、なるべくそのボラティリティを活かせるように、暴落時のタイミングで買うことを目指しましょう。

第 6 章

迷ったら コレを見ればOK！

購入リスト即候補入りの 厳選9銘柄

購入リストに即候補入り9銘柄事例

本書の最後に、長期で株価上昇と増配を実現し、今後も期待できそうな銘柄の事例を9個ご紹介します。これらの銘柄は、過去10年間で何倍にも株価が成長し、当時の投資金額からは配当利回りが10％や20％といった高水準の利回りを記録しているものもあります。

注意点としては、私はこのリストの銘柄を推奨したいのではなく、それぞれの銘柄が成長した要因や背景を参考にしてください。実際の売買判断は自己責任においてお願いします。

これらの銘柄は、競合他社に引けを取らない製品サービスを持ち、高い利益率に支えられ、継続的な増配を実現しているという共通点があります。

銘柄事例①　信越化学工業（4063）

塩化ビニル製品や半導体ウエハー分野で世界トップクラスの実力を持つ、日本を代表する化学メーカーです。特にシリコンウエハー分野では世界シェアトップ、フォトレジストも世界2位と、競争力のある製品を多数生産しています。

シリコンウエハーは半導体の基板として欠かせない材料で、他社が真似できない高純度のシリコンウエハーを開発・生産することで強みを維持しています。

稼ぎにおいては、22年3月期の営業利益率が32・6％、同23年3月期は35・54％と数あるメーカーの中でも突出しています。高い利益率は、製品の付加価値・競合優位性に裏付けられているのです。

また、23年3月期時点の自己資本比率80％台・現金等残高が1兆2473億円と極めて健全な財務状態を保っています。高い営業利益率とともに、潤沢なキャッシュを有することで、不況時でも配当金を出し続けられやすい企業です。

銘柄事例② 伊藤忠商事（8001）

五大総合商社の一角をなす企業です。日本経済の根幹を支える商社ですが、石油や鉱物などのコモディティを中心に事業を展開しており、どうしても業績が市場価格の変動に左右されてしまいます。

しかし、伊藤忠商事は価格変動の影響を受けにくい非資源事業を主力としています。非資源事業は、機械、金融、食品、日用生活品、情報通信など多岐にわたり、資源価格が高騰して他の商社が赤字でも安定的に利益を出しやすいものです。

1990年代末には不良債権危機で莫大な損失を出した経緯があり、この教訓を活かしながらリスク分散を図っているのが強みです。

成長ドライバーとなる海外では、タイの財閥企業であるCP（チャロン・ポカパン）、中国国営企業の中国中信（CITIC）と提携し、アジア市場へ展開する足掛かりとしています。ただし、それ故に投資の際はチャイナリスクなど海外要因への考慮が必要でしょう。

２０１６年３月期から８期連続で増配を続けており、配当金は10年間で３・47倍になりました（２０１５年３月期46円→２０２４年３月期１６０円）。それでも配当性向は常に20～30％台をキープしており、利益と配当の持続的な成長に今後も期待したいところです。

銘柄事例③ＩＮＰＥＸ（１６０５）

政府系資源開発の最大手企業であり、石油・天然ガスの採掘を世界各地で行っています。また、近年では水素、アンモニア、再生可能エネルギーへの取り組みを強化しています。エネルギーの安定供給は国の最重要課題ですので、それを担うインフラ企業です。

ただし、ＩＮＰＥＸの事業は心配な要素も少なくありません。

まず、エネルギー価格や為替の変動に大きく影響されます。産油国の政治的な動き（増産・減産）で価格が動くため、事業運営の予測が立てにくいのです。

さらに、カーボンニュートラルへの世界的な流れの中で、石油の需要が将来的に減少する可能性があります。

これだけ懸念点がある企業ですが、私が投資対象に入れているのは、①原油需要の持続性、②株価の変動幅の大きさ、③積極的な株主還元があるからです。

①原油の需要は、少なくとも２０３０年まで拡大が見込まれており、本書執筆時から今後４～５年は業界自体の成長が見込めます。

②原油価格の下落などで株価が暴落した際の幅も大きいです。前回の暴落（２０２０年10月）では２０１８年から3年かけて68％下落しましたが、大底の４８９円から3年後の２０２３年には２３６８円と４・84倍になっています。原油価格が不調なタイミングは分かりやすいので、まさに不況期に買って長期で持つ戦略を実行し

やすいでしょう。

③さらに2024年度の中期経営計画では、総還元性向を40％以上と定めており、年間配当金の下限を1株当たり30円に設定しています。利益に連動して自社株買いも行うので、買ったポイントによっては平気で利回り10～20％は目指せてしまうのも魅力です。

銘柄事例④ 日本ピラー工業（6490）

産業用機械の流体制御におけるメカニカルシールの大手企業。パッと言われてもイメージが付きにくいと思うのですが、簡単に言うと工場の配管を流れる水や薬液の漏れを防ぐシールなどを製造しています。

これらの部品は定期的にメンテナンスが必要なため売上が安定しやすく、特に同社は半導体製造工程向けに強みがありますので長期成長も見込みやすいでしょう。

その半導体の製造工程で必要な洗浄向け部品では世界シェア1位を取り、近年安定して営業利益率20％以上を誇るなど競争力が非常に高いです。海外売上も中国やアジア市場、さらには米国市場へも展開しており、地域リスクの分散に努めています。ただし、半導体関連の売上が全体の約70％を占めるため、半導体市況の変動が業績に大きな影響を及ぼすのが投資上の注意点です。また、自己資本比率が65％を超える財務の堅実さがある一方、配当については、配当性向30％以上を目標に設定しており、利益が減れば連動して減配する可能性があります。

それでも潤沢な資金を何も考えずに配当だけに使うのではなく、ＩＲページの企業コメントに「企業競争力の強化や業容拡大に向け、中長期的な設備投資、研究開発投資、その他事業拡大や株主還元などを総合的に勘案し有効活用してまいります」とあるように、長期的な利益拡大のための投資に前向きであり、結果的にそれが株価に反映されれば問題ありません。

銘柄事例⑤ フクダ電子（6960）

日本を代表する医療機器メーカーで、特に心電計分野においてトップシェアを誇っています。心電計をはじめとする検査機器、治療機器、在宅医療機器、そしてＡＥＤ（自動体外式除細動器）事業など、幅広い医療機器の製造・販売を行っています。

日本における医療費の動向を考えると、少なくとも２０４０年まで医療費が増加することから、フクダ電子の事業にとっては追い風です。

さらに、日本人の主要な死因の１つは心疾患となっています。今後、高齢化から「多死社会」への転換は避けられませんので、構造的にも同社の事業は拡大しやすいと見込んでいます。医療業界は景気変動に左右されにくい「ディフェンシブ業種」であり、これもまた長期保有のポイントになります。

財務状態は非常に健全で、２０２３年３月期時点での有利子負債倍率はわずか１％に過ぎず、事実上の無借金経営と言えます。

投資リスクとしては、医療費の抑制による診療報酬の減少が挙げられます。診療報酬は国の方針で変わってしまい、もし減額となると病院の経営に影響を及ぼし、結果的にフクダ電子の製品需要に影響を与える可能性があります。また、過去には2021年から2022年にかけて半導体不足による納品の遅れが発生しており、このような供給網の問題もリスク要因となり得ます。

銘柄事例⑥ KDDI（9433）

日本を代表する通信キャリア。業界における安定した地位と積極的な株主還元で知られています。IRページに記載されている通り「『配当性向40%超』と『利益成長に伴うEPS成長』の相乗効果により、今後も、持続的な増配を目指します」という方針であり、高配当株投資家から人気の高い銘柄の1つです。

KDDIはインフラ企業としての安定性を持ちつつ、DX（デジタルトランスフォーメーション）やICTなどの先進分野への投資を通じて、毎年業績を伸ばし続けています。それが２０２３年3月期には21期連続となる増配につながっており、成長と高配当（増配）を両立してきています。

通信インフラは、５Gや６Gなどの次世代通信技術の発展により、今後も継続して必要とされる成長産業です。しかし、人口減少や通信料金の低下により、通信料収入だけでは成長の限界に達しつつあります。現に、既存通信事業の顧客単価（ARPU）は横ばいです。

現在のKDDIは通信に加え、電気、銀行、ウォレット、保険といった消費者の生活に根差したサービスを展開しており、これらの事業を通じて収益基盤の強化を図っています。あとは、先に述べた次世代産業への投資が今後の成長の鍵を握っており、どこまで伸ばせるかが今後の成功のポイントとなります。

投資タイミングとしては、良くも悪くも大きく動かないバリュー株のため、PERやPBRの推移を分析し、過去の同社の水準の中でも安値圏で買う方針が合うと思います。

銘柄事例⑦ パイロットコーポレーション（7846）

高品質な万年筆、ボールペン、シャープペンシルなどを製造する筆記具のトップメーカー。欧米市場を中心に海外からの売上が全体の約半分を占めており、グローバルな成長を取り込む戦略を展開しています。

私自身も文具業界は縮小しているとばかり思っていたのですが、同社の場合、海外市場に販路を広げることで業績成長を続けています。ここ10年の投資キャッシュフローがマイナスを記録しているように、将来への事業投資に積極的です。

投資上のリスクは、筆記具に使われる金属、プラスチック、インクなどの原材料価格の高騰です。販売単価が高くない分、利益率に影響を与えそうです。

配当としては2023年12月期時点で8期連続の増配を実現しています。配当性向

30％を基準としまだまだ余力はあるものの、連続増配を続けるためか、株主還元意欲は高くないようにも見えます。

しかし、着実に出せる範囲で配当金を出し増配する方針は、個人的には安心材料ですのであまり問題視していません。

銘柄事例⑧　ヒューリック（３００３）

都心部駅近の高収益物件を多数持つ不動産企業です。同社は東京都心を中心に、地価の高いエリアに資産を集中保有。しかも、その多くが駅から徒歩5分以内の立地にあるオフィスビルや商業施設です。これらの物件を通じて、安定した収益を生み出しています。

２０２３年12月期には15期連続で過去最高益を記録し、15期連続増配を達成しています。

人口減少とそれに伴う空室率の上昇が懸念される日本の不動産ですが、都市部の不動産は国内外の投資により引き続き値上がりが予想され、企業の入居も継続しやすい環境にあります。ヒューリックはもともと金融機関系の不動産管理会社としてスタートし、選択と集中の戦略で事業を拡大してきました。

また、株主還元にも積極的です。中期経営計画（２０２３〜２０２５年）では、連結配当性向を40％以上とし、安定した配当を継続することを基本方針としています。

個人的には、最高益の更新が続いたのは、この15年の低金利環境が大きかったと考えており、今後も拡大が続くとは思っていません。そのため、年によっては連続増配にこだわらず、配当の維持に努めてくれれば嬉しいなと考えています。

銘柄事例⑨ 東京海上ホールディングス（８７６６）

損保で国内首位級のグローバル保険企業。損保、海外保険、生命保険と事業バランスが良く、１８９０年の英国での船舶保険事業を起点に、海外展開の長い歴史を持っています。近年も国内市場の停滞に対応するため、積極的な海外でのM＆Aを続け業績向上につなげています。

株価は金融ショックには弱い傾向があり、リスクオフ時の市場変動に注意が必要です。また、保険業界の特性上、大規模災害や物価高騰の影響も受けやすい一方で、保険料収入を主に債券によって運用しており、高金利局面では強いと言えるでしょう。

２０２４年３月期の配当予想は「１株あたり１２１円」で、これが実施されると４期連続の増配となります。連続増配年数はまだ浅いものの、大型保険株としての地位を築いており、配当金は２０１５年３月期から８年間で３倍に増加しています。当時の株価１５００円で購入していれば、利回りは８％にも達します。

このように、大型株でも長期保有と増配を続けることで、年ごとに株価上昇＋高利回りが実現できるのです。

おわりに

いかがでしたでしょうか。

本書の内容を押さえていただければ、相場が暴落しても急騰しても長く続けられる投資スキルを、あなたはマスターできるはずです。そして、時間をかければかけるほど、あなたが投資している企業が成長し、株式投資自体が以前より楽しくなってくると思います。

最後にお伝えしたいのは、投資で上手くいき続けるコツです。それは、収入と資産を分けて考えるということ。財務諸表で言えば、ＰＬ（損益計算書）とＢＳ（貸借対照表）の違いです。

どういうことかと言うと、たとえば買った銘柄が値上がりして10万円分の利益を確定したとします。ここで確定した損益が、収入です。一方で、10万円の含み益を確定させずさらに値上がりしてプラス20万円になったとします。それでも売らなければ、収入（利益確定益）はゼロですが、資産額が20万円伸びます。

長期投資をする上では、後者の資産を伸ばす考え方の方が望ましいです。ＰＬ的に稼ぎは重視せず、むしろ、売却するのは間違った銘柄を損切りする時だけ。確定損益ではマイナスでも、他の銘柄の評価額が伸びていれば構わないのです。

この考え方でいると、「結果的に長期での大きな値上がりを取れる」「確定益にこだわって早売りしてしまうのを防げる」「含み益の大きい銘柄がポートフォリオにあると、他の銘柄でリスクを取りやすい」といったメリットがあります。

基本的には、日々の収入は仕事などで賄いながら、時間をかけて資産評価額を上げていくことによって、将来の自分が報われます。この考え方を私自身も忘れずにいたいと思います。本書があなたの投資活動において、何かヒントになった部分があれば幸いです。

最後に、編集に携わってくださったKADOKAWAの五十嵐さんはじめ関係者の方々、日々時間を使って私の発信を見ていただき、時に励ましてくださる個人投資家の皆様、多くのアグレッシブな仕事にチャレンジさせてくれている社内メンバーの皆様にこの場を借りてお礼申し上げます。

2024年3月　児玉一希

児玉 一希（こだま かずき）
1991年東京都立川市生まれ。東京都立大学（旧：首都大学東京）卒業。株式会社RES代表取締役。両親が小学校の教員という家庭で育つ。勉強も運動も平均以下だったが、起業に憧れて、大学卒業後にリクルートグループへ入社。営業成績が最下位になるなどまったく活躍できず、2016年に全財産10万円の状態で転職し、拾われた転職先で金融教育業に携わる。年間数万人が参加する投資家の講演会運営を４年経験。自身も投資を始め、一度は全財産の3分の1を溶かすも、「再現性」と「継続性」を重視した投資で毎年のようにプラス100～200％を記録する銘柄に投資。それらの実績を元に直接指導した個人投資家の人数は2万名を超える。2020年に株式会社RESの代表取締役に就任し、お金や投資について学べる学校を創設。YouTubeチャンネル「Trade Labo」は開設2年半で19万人を突破し、ラジオ、専門誌、新聞、各メディアで取り上げられ注目を集めている。趣味は野球観戦で、20年来の埼玉西武ライオンズファンでもある。

高配当10倍株投資　「高利回り×高成長」で資産を4倍速で増やす！

2024年3月22日　初版発行

著者／児玉　一希

発行者／山下　直久

発行／株式会社KADOKAWA
〒102-8177　東京都千代田区富士見2-13-3
電話　0570-002-301（ナビダイヤル）

印刷所／大日本印刷株式会社

製本所／大日本印刷株式会社

●お問い合わせ
https://www.kadokawa.co.jp/（「お問い合わせ」へお進みください）
※内容によっては、お答えできない場合があります。
※サポートは日本国内のみとさせていただきます。
※Japanese text only

定価はカバーに表示してあります。

ISBN 978-4-04-606659-6　C0033